MÉMOIRE

A CONSULTER

ET CONSULTATION

PAR

MM. DE VATIMESNIL,
BERRYER,
ODILON BARROT,
DUFAURE,
PAILLET,

SUR LES DÉCRETS DU 22 JANVIER 1852

RELATIFS

AUX BIENS DE LA FAMILLE D'ORLÉANS.

PARIS,
CHEZ TOUS LES LIBRAIRES.

1852

Autre édition

MÉMOIRE

A CONSULTER

ET CONSULTATION

PAR

MM. DE VATIMESNIL,
BERRYER,
ODILON BARROT,
DUFAURE,
PAILLET,

SUR LES DÉCRETS DU 22 JANVIER 1852

RELATIFS

AUX BIENS DE LA FAMILLE D'ORLÉANS.

PARIS,
CHEZ TOUS LES LIBRAIRES.

1852

MÉMOIRE A CONSULTER

SUR LES

DÉCRETS DU 22 JANVIER 1852.

La famille d'Orléans vient faire appel aux lumières du Barreau.

Elle lui demande de l'éclairer sur le caractère légal et sur la portée des décrets du 22 janvier dernier.

N'est-ce pas une véritable question de propriété qu'a tranchée le second de ces décrets, et lui appartenait-il de la juger? Peut-il faire obstacle à ce que les droits de la propriété demeurent placés sous l'égide protectrice des tribunaux?

Telles sont les questions soumises à l'examen des jurisconsultes éminents dont la famille d'Orléans a cru pouvoir réclamer le concours.

Un rapide exposé des faits doit précéder la discussion.

Afin de se faire une idée exacte de la fortune possédée par M. le duc d'Orléans, au moment où il est monté sur le trône, il faut se rendre compte des éléments dont elle se composait.

Les biens du Prince étaient de diverses natures :

1° Biens apanagers ;

2° Biens patrimoniaux :
- Recueillis de la succession maternelle ;
- Rachetés de la succession bénéficiaire de son père ;
- Provenant d'acquisitions faites de 1814 à 1830.

Personne n'ignore quelle fut l'origine, ni quelle était la nature de l'apanage d'Orléans. Ce n'est point à *titre gratuit* qu'il avait été constitué au Chef de cette branche, alors mineur, par l'édit de mars 1661, mais bien à *titre successif*, pour lui tenir lieu de sa part héréditaire dans les successions de Louis XIII son père, et d'Anne d'Autriche sa mère. Cet apanage représentait la légitime de la branche d'Orléans ; il formait le prix de la renonciation en faveur du frère aîné, Louis XIV, aux domaines, terres et seigneuries, meubles et effets mobiliers, *échus par le trépas de feu leur dit seigneur et père.* « Par là, comme le di-« saient les lettres patentes du 7 décembre 1766, le vœu

« de la nature a été rempli, et la Royauté a acquitté ses
« obligations. »

Frappés de confiscation par les lois de la Révolution, les biens apanagers avaient été rendus au duc d'Orléans par trois ordonnances des 18–20 mai et 7 octobre 1814, confirmées plus tard par la loi du 15 janvier 1825, qui ne créa pas l'apanage à titre nouveau, mais statua par forme de simple déclaration et reconnaissance d'un droit préexistant.

Ces biens représentaient en 1830, pour la famille d'Orléans, un revenu net de 2,500,000 francs.

Par suite de l'avènement de M. le duc d'Orléans au trône, l'apanage tout entier, et sans en rien excepter, a fait retour à l'État, le 9 août 1830, conformément aux titres constitutifs de cet apanage, visés dans l'article 4 de la loi du 2 mars 1832. Le seul droit qui ait survécu à l'apanage en vertu de ces mêmes titres, est une indemnité à raison des accroissements qu'il aurait reçus depuis qu'il avait été rendu au Prince, jusqu'au moment où il était rentré dans le domaine de l'État; et encore la loi de 1832 avait-elle disposé que l'indemnité ne serait exigible qu'à la fin du règne.

Ainsi, dès le 9 août 1830, la fortune de la famille d'Orléans s'est trouvée diminuée de toute la valeur des produits de l'apanage; c'est l'oubli ou l'ignorance de ce fait qui a été l'origine d'erreurs trop longtemps accréditées sur la quotité des revenus de cette auguste Maison.

Quant à la fortune patrimoniale de M. le duc d'Orléans, elle se composait, comme nous l'avons indiqué : 1° des biens qu'il avait recueillis dans la succession de sa mère, et dont l'origine était toute patrimoniale (1); 2° des biens de la succession de son père, qu'il avait rachetés à la barre des tribunaux; 3° de ceux qu'il avait pu acquérir à divers titres.

C'est sur l'ensemble de ces biens patrimoniaux que porta exclusivement la donation du 7 août 1830.

Cette donation était-elle nécessaire pour soustraire le patrimoine privé du duc d'Orléans à l'application du principe ancien, en vertu duquel il y avait dévo-

---

(1) Aucun de ces biens n'avait, directement ni indirectement, le caractère apanager, ainsi qu'on l'a prétendu, en parlant de la principauté de Dombes, en échange de laquelle sont arrivés, à la maison d'Orléans, la plus grande partie des biens compris dans la donation du 7 août. Cette principauté n'a nullement fait partie d'un prétendu apanage que Louis XIV aurait constitué au profit du comte de Toulouse; elle a été recueillie, non dans la succession du comte de Toulouse, mais dans celle du duc du Maine, par M. le duc de Penthièvre, qui l'a ensuite transmise à sa fille madame la duchesse douairière d'Orléans, mère du Roi Louis-Philippe. Elle provenait à M. le duc du Maine du don que lui en avait fait, le 2 février 1681, *Mademoiselle* de Montpensier, qui la tenait elle-même héréditairement de son père.

lution à l'État des biens du Prince montant sur le trône ? Est-ce, comme on n'a pas craint de le dire, en fraude de ce principe que le duc d'Orléans avait donné à ses enfants la nue-propriété de ce qu'il possédait alors ? Est-il possible de prétendre que la loi de l'ancienne monarchie fût applicable, le 7 août 1830, au prince à qui la couronne ne revenait pas *conformément*, mais qui allait l'accepter *contrairement*, à cette ancienne loi monarchique ? — C'est ce qu'auront à décider les jurisconsultes auxquels on s'adresse en ce moment.

Mais ce qu'il y a de certain, c'est que la donation du 7 août constatait la volonté bien arrêtée de M. le duc d'Orléans de conserver à ses enfants le patrimoine héréditaire qu'il tenait lui-même de ses ancêtres, et que dans cette condition qu'il mettait, qu'il avait le droit de mettre, à son acceptation, il n'y avait rien qui dût *soulever la conscience publique*, comme le dit un des considérants du décret rendu le 22 janvier. N'était-ce pas assez que la maison d'Orléans perdît la propriété de l'apanage qui faisait retour à l'État ? Fallait-il que tout le surplus des biens de la famille fût engagé dans cette révolution ? Et cette révolution qui ne dotait pas ses enfants, précisément en vue du patrimoine privé que la donation du 7 août leur avait conservé, devait-elle plus tard leur enlever ce même patrimoine, et les dépouiller ainsi deux fois (1) ?

---

(1) L'acte du 7 août comprenait la nue-propriété de tous les

Une autre question à décider par la consultation, c'est jusqu'à quel point l'autorité de la loi du 2 mars 1832 peut être contestée ; jusqu'à quel point les droits qu'elle a créés, les actes qui se sont accomplis sous l'empire et sur la foi de ses dispositions, peuvent être aujourd'hui méconnus, anéantis.

Lors de la discussion de cette loi devant la Chambre des Députés, on posa expressément la question de savoir s'il y aurait un *domaine privé*, ou si l'on maintiendrait l'ancien principe de la *dévolution* des biens personnels du roi au domaine de l'État. Cette question fut discutée à deux reprises différentes, le 30 décembre 1831 et le 14 mai 1832. M. Dupin, commissaire du roi, soutint que l'ancien principe de dévolution était inapplicable. L'opposition elle-même, par l'organe de M. de Salverte, se prononça pour qu'on laissât au roi son domaine privé. Le général Bertrand soutint la thèse contraire. L'existence de la donation du 7 août fut

---

biens possédés alors par M. le duc d'Orléans, d'un revenu brut, déclaré dans la donation même, de 1,365,525 fr., et le fisc perçut le droit proportionnel qui lui était dû ; il le perçut même comme s'il s'agissait d'une donation ordinaire, et il fallut plus tard s'adresser aux tribunaux pour faire juger que le seul droit exigible était celui imposé par la loi de 1824 aux donations contenant partage. Le droit, ainsi réduit, fut cependant encore de 759,377 francs.

reconnue, et l'Assemblée, en pleine connaissance de cause, vota les articles suivants :

« Article 22. Le roi *conservera* la propriété des « biens qui lui appartenaient avant son avènement au « trône. Ces biens, et ceux qu'il acquerra à titre « gratuit ou onéreux pendant son règne, composeront « son domaine privé.

« Article 23. Le roi peut disposer de son domaine « privé, soit par actes entre vifs, soit par testament, « sans être assujetti aux règles du Code civil qui li- « mitent la quotité disponible.

« Article 24. Les propriétés du domaine privé seront, « sauf l'exception portée à l'article précédent, soumises « à toutes les lois qui régissent les autres propriétés. « Elles seront cadastrées et imposées.

« Article 26. Demeureront toujours réservés sur le « domaine privé laissé par le roi décédé, les droits de « ses créanciers, et les droits des employés de sa mai- « son, à qui des pensions de retraite seraient dues par « imputation sur un fonds provenant de retenues faites « sur leurs appointements. »

Toutes les obligations imposées par cette loi au roi Louis-Philippe ont été strictement remplies par lui et par ses enfants. Les biens composant son domaine privé ont été, comme les biens des particuliers, cadastrés et soumis à l'impôt commun. Ces mêmes biens, lorsqu'il est tombé du trône, sont demeurés chargés du paiement des dettes contractées et des pensions accordées pendant son règne ; et chaque jour, depuis, leur revenu et une partie de leur capital ont servi à l'acquittement des unes et des autres.

Pendant près de vingt années, cette loi de 1832 a été pour le roi Louis-Philippe la loi du père de famille. Sous la protection des dispositions que nous venons de rappeler, ses huit enfants se sont mariés. Tous ont apporté en dot, dans les familles étrangères auxquelles ils se sont alliés, les droits qui en résultaient pour eux (1).

---

(1) Ainsi, dans le contrat de mariage de la reine des Belges, se trouve la clause suivante :

« S. A. R. apporte audit mariage tous les droits de proprié-
« té qui lui sont acquis et qui lui appartiennent en vertu de
« la donation paternelle à elle faite par acte du 7 août 1830,
« ainsi que tous les droits qui lui appartiennent ou pourront
« lui appartenir à tout autre titre et de quelque nature qu'ils
« soient. »

On retrouve exactement la même stipulation dans les conventions matrimoniales :

Du prince Alexandre, duc de Wurtemberg, et de la princesse Marie d'Orléans ;

De M. le duc de Nemours et de la princesse Victoire de Saxe-Cobourg-Gotha ;

De S. A. S. le prince Auguste-Louis-Victoire de Saxe-Cobourg-Gotha, et de madame la princesse Clémentine d'Orléans ;

Du prince de Joinville et de la princesse Dona Françoise,

Sept traités de mariage en la forme diplomatique ont été conclus. Ces traités sont atteints par le décret du 22 janvier.

Les testaments seraient détruits comme les contrats de mariage. Le roi, en vertu de l'art. 22 de la loi de 1832, a fait ses dispositions testamentaires, et il les a combinées avec celles de son auguste sœur, la princesse Adélaïde, pour éviter le morcellement des grands corps de domaines que l'un et l'autre voulaient conserver intacts dans leur famille. A celui des enfants du Roi dont la part était plus grande dans une succession, l'autre succession donnait une part moindre; les deux testaments établissaient ainsi, selon le vœu de leurs auteurs, une juste égalité entre les héritiers; et de cet accord si naturel, si légitime, il résulte cependant la conséquence que, en même temps que par la confiscation des biens de la donation le testament du roi est, en principe, détruit, celui de sa sœur, en fait, est brisé.

---

fille de S. M. Dom Pedro, et sœur de l'empereur actuel du Brésil;

Du duc d'Aumale et de S. A. R. madame la princesse Marie-Caroline-Auguste des Deux-Siciles ;

Du duc de Montpensier et de S. A. R. la princesse Marie-Louise-Ferdinande, infante d'Espagne.

Par ces mêmes conventions, *le douaire des princesses* est garanti par l'hypothèque légale de la princesse future épouse sur les biens immeubles compris dans la donation du 7 août.

Ce ne sont pas seulement les actes intervenus entre les membres de la famille d'Orléans qui sont mis en question par le décret; il doit aussi anéantir ceux qui intéressent les tiers, actes d'emprunt, actes de vente, baux, locations, etc., etc.

Ainsi, il a été vendu, soit à l'amiable, soit par adjudication, pour 9,622,162 fr. des biens de la donation, qui sont aujourd'hui dans les mains de soixante-deux familles. Si l'acte du 7 août est nul, ces ventes ne sont-elles pas nulles aussi?

Des baux ont été passés avec des fermiers, des emprunts ont été contractés, des hypothèques ont été consenties. Ces hypothèques, ces emprunts, ces baux, seront-ils également annulés ?

Des constructions considérables, des châteaux, des usines, etc., ont été élevés sur des terrains compris dans la donation du 7 août : que deviendront-ils ?

Enfin des pensions, des secours, que le Roi, dans sa bonté, a bien voulu maintenir après 1848, malgré l'exil, malgré les charges imprévues que la Révolution faisait peser sur ses biens, sont payés à d'anciens serviteurs, ou sont dus aux serviteurs actuels de la Maison. Quel sera le sort des titulaires de ces secours et de ces pensions, dont le chiffre annuel s'élève à près de 300,000 fr. ?

Ce que font les décrets du 22 janvier, la révolution de février ne l'a point voulu faire. La donation du 7 août fut respectée par le Gouvernement provisoire; et les rigueurs du pouvoir se bornèrent alors à un séquestre temporaire, étendu à toute la famille, mais qui n'affectait que la gestion des biens, sans méconnaître au fond le droit des propriétaires.

La donation du 7 août n'a point seulement échappé à la tourmente révolutionnaire de février. Depuis, et à toutes les époques, par l'Assemblée Constituante en 1848, par l'Assemblée Législative et par le Pouvoir exécutif en 1850, elle a été reconnue, consacrée.

Le 5 juillet 1848, une proposition est faite par un Représentant, M. Jules Favre; elle a le même objet, elle s'appuie sur les mêmes motifs, elle se sert presque des mêmes termes que le décret du 22 janvier dernier. Elle n'est pas même défendue; et l'Assemblée (assemblée constituante et souveraine) la rejette à l'unanimité.

Le 4 février 1850, l'Assemblée Législative, loin de contester les effets de la donation, autorise le feu roi Louis-Philippe à consentir un emprunt qui serait hypothéqué sur les biens de cette donation; et comme le Roi n'en avait conservé que l'usufruit, les Princes, nus-propriétaires, qui n'étaient pas personnellement obligés à la dette, interviennent spontanément pour engager ce patrimoine, et l'offrir en garantie aux créanciers de l'ancienne Liste civile. Enfin, le Ministre des finances de

M. le Président de la République concourt personnellement à cet emprunt, qu'il sanctionne de sa signature (1); et comme déjà il avait été pris au nom de l'État, créancier hypothécaire alors, sur ces mêmes biens dont il se prétend aujourd'hui propriétaire, une inscription de 26 millions, le Ministre consent en faveur des prêteurs une antériorité d'hypothèques, leur donnant ainsi un gage qu'il reconnaissait à cette époque comme étant la propriété de leurs débiteurs communs.

Ce n'est pas tout. La Commission de l'Assemblée Législative, saisie du projet de loi ministériel, ayant proposé de lever le séquestre qui pesait sur les biens particuliers de M. le prince de Joinville et de M. le duc d'Aumale, le Ministre des finances (M. Fould), organe de la pensée du Gouvernement, est venu, *au nom de M. le Président de la République*, réclamer *une mesure plus équitable et plus juste*, en

---

(1) Voici la clause de l'acte d'emprunt :

« De son côté, M. le Ministre des finances déclare autoriser « ces conventions.

« De plus, et en vertu des pouvoirs que lui confère le dé-« cret du 25 octobre 1848, M. le Ministre des finances con-« sent à ce que les inscriptions prises au profit de l'État « soient primées par celles qui seront formées en vertu des « présentes. »

demandant que la levée du séquestre fût étendue aux biens compris dans la donation du 7 août (1).

Il y a de cela moins de deux ans !

N'est-ce pas assez pour établir que la propriété des biens auxquels s'appliquent les décrets du 22 janvier repose tout à la fois sur les titres les plus anciens, les plus incontestables, sur les actes émanés de trois gouvernements successifs, sur les lois de la République, comme sur celles de la Monarchie?

Il devrait suffire, dans une pareille question, d'invoquer les principes et les lois; car ils couvrent d'une égale inviolabilité tous les droits, tous les intérêts, et ne distinguent pas entre les possesseurs des plus riches patrimoines et ceux des plus pauvres héritages. Mais puisque les décrets du 22 janvier ont, parmi les motifs de leurs considérants, allégué l'importance de la fortune de la Maison d'Orléans, qu'ils estiment à 300 millions de francs, et que leur auteur consent à ne réduire qu'à 100 millions, nous devons, sur ce point aussi, opposer des chiffres exacts à des chiffres fictifs, et la vérité à l'erreur.

Le domaine actuel de la Maison d'Orléans se com-

---

(1) Séance de l'Assemblée Législative du 4 février 1850. Voir *Moniteur* du 5.

pose en partie de parcs, de châteaux, d'un entretien dispendieux, et de propriétés telles que Neuilly, Monceaux, etc., d'un produit presque nul, et d'une réalisation très-difficile.

Le revenu annuel, calculé en moyenne sur les deux dernières années, et déduction faite des charges de propriété seulement, *contributions, frais de régie*, etc., s'établit ainsi :

1° Biens compris dans la donation du 7 août 1830 (déduction faite de ceux qui ont été aliénés depuis 1830) (1)........	1,109,000 fr.
2° Biens acquis par le Roi depuis 1830 (partie invendue)....	175,000
3° Biens provenant de la succession de Madame Adélaïde..	863,000
4° Biens appartenant en propre à la Reine, indépendamment de l'usufruit du domaine d'Aumale.............	49,000
5° Biens appartenant en propre à M. le duc d'Aumale......	900,000
Total.........	3,095,000 (2)

(1) Parmi ces biens se trouve le domaine d'Aumale, dont l'usufruit appartient à la Reine, en vertu du testament de madame la Duchesse douairière, et dont la nue-propriété seulement a fait partie de la donation.

(2) Dans le détail de ces revenus, il n'est pas question du

De ce revenu, ou plutôt du capital qu'il représente, et qu'on ne peut pas, en raison même de la nature des biens, évaluer à plus de 103 millions, il faut retrancher une somme de 30 millions environ, montant des dettes qui restent encore aujourd'hui à acquitter par M. le duc d'Aumale et par les héritiers du Roi.

Resterait donc.............. 73,000,000 fr. auxquels, pour plus d'exactitude, il convient d'ajouter une somme de 8 millions pour le mobilier et pour les immeubles non susceptibles de revenu.

---

douaire de Madame la duchesse d'Orléans. Ce douaire ne présente aucune question à discuter ni à résoudre. Le décret du 22 janvier n'y porte aucune atteinte; et il n'aurait pu y toucher sans qu'il en résultât, nous ne disons pas une *confiscation*, mais une *banqueroute partielle*.

Ce douaire, en effet, constitué par le contrat de mariage, dressé en forme diplomatique, du 4 avril 1837, a été confirmé par la loi spéciale du 7 mai suivant. — Après la mort de M. le duc d'Orléans, arrivée le 13 juillet 1842, il ne s'agissait plus que d'exécuter le contrat et la loi ' et la somme de 300,000 fr., inscrite dans cette loi, a été portée au budget de l'Etat, comme portion de la *Dette publique*. La même disposition s'est reproduite chaque année jusqu'en 1848; et depuis la révolution de février, après une légère contradiction, qui a cédé presqu'aussitôt devant le principe, le vote s'est renouvelé. C'est ainsi que le douaire a été porté au budget de la présente année 1852; en telle sorte que le décret du 22 janvier, en rappelant le douaire, ne fait autre chose que laisser à la dette son caractère, et à la loi son exécution pure et simple, *sans novation*.

Telle est, au vrai, dans l'état actuel, la fortune de tous les membres de la famille d'Orléans, constatée de la manière la plus exacte et la plus authentique, d'après les livres officiels de la comptabilité de la Maison. Tel a été, pour le patrimoine de cette famille, le résultat de l'avènement au trône de son auguste chef. Elle a perdu la propriété de l'apanage; et, depuis 1848, elle consacre une partie de ses biens propres à l'acquittement d'obligations contractées presque en totalité pour l'accomplissement des devoirs d'une royauté qui n'est plus.

Maintenant, si l'on pouvait admettre que les décrets seront exécutés, voici quelles en seraient les conséquences :

La famille d'Orléans perd tous les biens compris dans la donation du 7 août 1830;

Et il lui reste :

En dehors de la fortune de M. le duc d'Aumale, qui est un patrimoine particulier, sur lequel les autres enfants n'ont aucun droit:

1° La fortune de la Reine, mais dont la plus grande partie se compose d'un usufruit, et ne constitue qu'une ressource malheureusement trop passagère;

2° Les biens dont le Roi est devenu acquéreur depuis la donation du 7 août, et qui, après les aliénations destinées au paiement des dettes, pourront représenter environ un revenu de........ .... 100,000 fr.

3° Les biens de la succession de madame Adélaïde, qui, déduction faite des charges testamentaires et administratives, peuvent valoir environ......... 800,000

C'est un revenu total de....... .. 900,000

à partager entre vingt-huit personnes, dont seize enfants mineurs! Et les propriétés sur lesquelles il est assis, des propriétés comme *Randan*, *Arc*, doivent être vendues dans le délai d'un an!

Voici les faits dans toute leur vérité.

Le mandataire des enfants du Roi Louis-Philippe demande, au nom de cette auguste famille, aux jurisconsultes qui ont bien voulu répondre à son appel, de dire quels sont les moyens légaux de résister à cette violation du droit sacré de la propriété.

Paris, 4 février 1852.

Le mandataire,

ED. BOCHER.

PIÈCES ET DOCUMENTS.

I.

NOTE.

L'article inséré dans le journal *la Patrie*, du 27 janvier 1852, et signé *Amédée de Césena*, énonce entre autres choses,

1° Que le Prince de Lamballe était frère du duc de Penthièvre ;

2° Que Louis XIV a constitué en faveur du comte de Toulouse, enfant naturel légitimé de ce Roi et de madame de Montespan, un apanage dont la principauté de Dombes faisait partie ;

3° Que le comté d'Eu était compris dans ce même apanage ;

4° Que le domaine de Vernon y figurait aussi.

Ces assertions sont autant d'erreurs.

1°.

Le Prince de Lamballe était *le fils*, et non

le frère du duc de Penthièvre, ainsi qu'on le voit sur un tableau généalogique ci-joint. — Si cette erreur du journaliste est sans importance quant à l'objet principal de l'article, elle prouve du moins avec quelle légèreté il a parlé de faits qu'il n'a pas pris le soin de vérifier.

2°.

La principauté de Dombes n'a nullement fait partie d'un prétendu apanage que le Roi Louis XIV aurait attribué à son fils légitimé le comte de Toulouse.

Cette principauté, dont la majeure partie avait été donnée, en 1400, par Edouard de Beaujeu, prince de Dombes, à Louis II de Bourbon, son cousin, fut acquise, pour le surplus, par ce dernier, en l'année 1402.

La postérité de Louis II se divisa en deux branches : Bourbon-Beaujeu et Bourbon-Montpensier ; et la principauté de Dombes était, après des vicissitudes diverses, successivement arrivée dans les mains de Henri, duc de Montpensier, lorsque ce Prince mourut en 1608, ayant pour seule héritière une fille née en 1605. Elle épousa, en 1626, Gaston d'Orléans, et décéda en 1627, laissant au berceau une fille unique, si célèbre depuis sous le nom de *mademoiselle de Montpensier*, laquelle mourut en 1693.

Le 2 février 1681, elle avait fait don entre vifs, sous réserve d'usufruit, de la principauté de Dombes à M. le duc du Maine, qui était, comme le comte de Toulouse, fils naturel légitimé de Louis XIV et de madame de Montespan. Cette donation, acceptée par madame de Montespan pour son fils mineur, avec autorisation du Roi, fut confirmée par lettres patentes de mademoiselle de Montpensier, du 24 octobre de la même année, enregistrées au Parlement de Dombes, le 19 novembre suivant, et fut ratifiée par le duc du Maine, devenu majeur, qui exerça dans la Dombes tous les droits de la souveraineté jusqu'à son décès, arrivé en 1736.

Le duc du Maine, aux termes de son testament du 30 octobre 1705, avait grevé de substitution la principauté de Dombes en faveur de sa postérité de l'un et de l'autre sexe, et, à son défaut, il appelait son frère, le comte de Toulouse, et les enfants de celui-ci, aussi avec charge de substitution. Il confirma ces dispositions par un codicille du 21 février 1736, où il déclara qu'en qualité de souverain de la dite principauté, il dérogeait à toutes lois et coutumes qui pourraient être contraires, voulant que cette substitution, dans toutes ses branches, fût graduelle, perpétuelle, et sans bornes.

Il eut pour successeur le prince de Dombes, son fils aîné, qui mourut sans enfants, le 1er septembre 1755, et dont la succession fut recueillie par le comte d'Eu, son frère.

Par un contrat notarié, du 19 mars 1762, M. le comte d'Eu céda au Roi Louis XV, à titre d'échange, la principauté et souveraineté de Dombes, avec toutes ses dépendances, et reçut du Roi, en contre-échange, les vicomtés d'Argentan et d'Exmes, la terre de Sorel, le comté de Dreux, le domaine de Crécy, le duché de Gisors, le marquisat de Bizy, le domaine de Pacy-sur-Eure, la baronnie d'Ivry, la forêt de Vernon, celle des Andelys, et la partie de la forêt de Mérey appartenant au Roi.

M. le comte d'Eu est mort en 1775, sans que les évaluations des domaines échangés, prescrites par l'édit d'octobre 1711, eussent été mises à fin.—Comme il décédait sans postérité, et que, d'un autre côté, M. le comte de Toulouse, son oncle, était mort dès l'année 1737, il laissa pour héritier substitué, non point son oncle le comte de Toulouse, mais son cousin-germain, le duc de Penthièvre, père de madame la duchesse douairière d'Orléans.

Des faits dont l'exposé précède (et sans qu'il soit même besoin de suivre les incidents subis par l'échange de 1762, confirmé seulement le 27 septembre 1791 par décret de l'Assemblée Nationale), il résulte que la Dombes n'a jamais fait partie d'un apanage que Louis XIV aurait constitué en faveur de M. le comte de Toulouse sur le domaine de l'État; qu'elle n'a jamais été possédée à aucun titre par M. le comte de Toulouse; et que M. le comte d'Eu, qui a eu M. le duc de Penthièvre pour héritier substitué et légataire universel, l'avait recueillie dans la succession de son frère, le prince de Dombes, héritier lui-même de M. le duc du Maine, qui, à son tour, tenait cette principauté de mademoiselle de Montpensier, dont elle était un bien patrimonial provenant de ses ancêtres maternels.

3°.

Le comté d'Eu, vers la fin du xe siècle, était possédé par les descendants de Rollon, chefs des Normands. Il resta dans la maison de Normandie jusqu'au commencement du xiiie, et passa, en 1219, dans la maison de Brienne; en 1350, dans la maison d'Artois; en 1471, dans la maison de Bourgogne-Nevers; puis dans les maisons de Clèves et de Lorraine-Guise. — Mis en adjudication sur décret, il fut, suivant arrêt du parlement de Paris en date du 27 mars 1662, acquis par mademoiselle de Montpensier, qui en fit ensuite l'abandon au duc du Maine. Enfin, ce comté, recueilli dans la succession du duc du Maine par son fils le prince de Dombes, et ensuite dans la succession de ce dernier, par son frère le comte d'Eu, est devenu la propriété de M. le duc de Penthièvre, père de madame la duchesse douairière d'Orléans, sans que M. le comte de Toulouse, mort trente-huit ans avant son neveu le comte d'Eu, en ait jamais eu la possession.

Il y a seulement lieu d'ajouter, pour l'exposé complet des faits, que, par acte notarié du 14 septembre 1773, le comte d'Eu avait vendu ce domaine au Roi Louis XV moyennant 12 millions de livres; mais que l'état des finances n'ayant pas permis d'acquitter cette somme, la vente a été résolue par un autre contrat notarié du 28 août 1775, contenant rétrocession, par le Roi Louis XVI, à M. le duc de Penthièvre, légataire universel du comte d'Eu, des biens qui avaient fait l'objet du précédent contrat.

4°.

Quant au domaine de Vernon, l'on a vu, dans le paragraphe 2 ci-dessus, qu'il a été compris dans les biens cédés par Louis XV au comte d'Eu, en échange de la principauté de Dombes. —On ne peut donc que s'en référer à ce qui a été dit plus haut, pour établir que le comte de Toulouse n'a jamais été investi de la propriété de ces divers biens; et que, en ce point comme pour les autres, l'article du journal *la Patrie* repose sur des faits inexacts.

ENFANTS NATURELS DE LOUIS XIV

AVEC Mme DE MONTESPAN.

Duc du MAINE.
† 1736.

Prince de DOMBES.
† 1er sept. 1755.

Comte d'EU, décédé sans postérité le 18 juill. 1775.

Comte de TOULOUSE.
† 1737.

Duc de PENTHIÈVRE.
† 4 mars 1793.

Prince de LAMBALLE.

Duchesse douairière d'ORLÉANS.

Le Roi LOUIS-PHILIPPE.

Mme ADÉLAIDE.

II.

EXTRAIT

DE LA LOI DU 2 MARS 1832

SUR LA LISTE CIVILE.

TITRE II.

Du douaire de la Reine, de la dotation de l'héritier de la Couronne, et des Princes et Princesses fils et filles du Roi.

Art. 21.

En cas d'insuffisance du domaine privé, les dotations des fils puînés du Roi et des Princesses ses filles, seront réglées ultérieurement par des lois spéciales.

TITRE III.

Du domaine privé.

Art. 22.

Le Roi conservera la propriété des biens qui

lui appartenaient avant son avènement au Trône : ces biens, et ceux qu'il acquerra à titre gratuit ou onéreux pendant son règne, composeront son domaine privé.

Art. 23.

Le Roi peut disposer de son domaine privé, soit par acte entre vifs, soit par testament, sans être assujéti aux règles du Code civil qui limitent la quotité disponible.

III.

DISCOURS

DE M. DUPIN AINÉ

DANS LA DISCUSSION

DE LA LOI SUR LA DOTATION DE LA COURONNE ET DE LA LISTE CIVILE,

PRONONCÉS

DANS LES SÉANCES DES 7, 9, 10 ET 13 JANVIER 1832.

(*Extraits du Moniteur des 8, 10, 11 et 14 janvier 1832.*)

Y aura-t-il un DOMAINE PRIVÉ? *Ou maintiendra-t-on l'ancien principe de la* dévolution *des biens particuliers du prince qui parvient à la couronne, au domaine de l'État? M. de Salverte s'était prononcé pour qu'on laissât aux rois leur domaine privé; M. le général Bertrand avait soutenu le contraire, en alléguant l'exemple de Hugues-Capet et celui de l'Empire. Il fallut répliquer sur-le-champ.*

Messieurs, le principe de la dévolution des biens du prince régnant à la couronne, au moment de son avènement, a été pendant

3

longtemps un principe de droit public français : on avait même cédé à cette espèce d'impulsion du passé, en conservant cette même dévolution dans les diverses lois portées depuis que ce droit public a reçu en d'autres points d'importantes modifications.

L'honorable M. Salverte a compris que les raisons qui avaient fait établir anciennement ce principe de la dévolution, n'étaient plus les mêmes aujourd'hui, et qu'elle ne pouvait pas être établie de plein droit.

L'honorable collègue qui descend de cette tribune (M. le général Bertrand), en parlant de Huges-Capet et de sa dynastie, me fournit l'occasion de démontrer avec plus d'évidence, que les principes aujourd'hui ne peuvent plus être les mêmes que ceux d'autrefois; qu'ils sont complètement différents, et que par conséquent il faut aussi que les dispositions de la loi changent sur ce point.

Un mot sur le point historique.

Sous les deux premières races, il existait un domaine privé, qui se partageait également entre tous les enfants du roi. Il n'y avait pas d'inconvénient, et l'histoire a vanté la sagesse de Charlemagne dans l'administration de ses domaines, et les dispositions qui se trouvaient à ce sujet dans son capitulaire *de Villis*, qui est connu de tous ceux qui ont étudié les vieilles chartes. Mais, à cette époque, il y avait aussi partage de la souveraineté, et voilà ce qu'il y avait de funeste; voilà ce qui entraîna des guerres civiles désastreuses et la ruine de la dynastie carlovingienne.

Quel était l'état de la France à la fin de la deuxième race? Le système de la conquête était poussé à l'excès. On donna d'abord aux militaires des récompenses pécuniaires, puis des bénéfices, ou, si vous voulez, des majorats; car on se ressemble de plus loin. Les bénéfices à temps étaient donnés à la charge du service militaire. Ils furent donnés à vie, quand les seigneurs eurent assez de puissance pour les retenir, et ils devinrent enfin héréditaires quand, plus puissants encore, ils trouvèrent le moyen de fixer l'hérédité dans leur famille.

Et n'oubliez pas qu'en y fixant les biens, ils y fixèrent aussi un pouvoir politique attaché à la possession de ces biens. Ainsi, à chaque fonction publique, était attachée une dotation avec le titre qui rendait la dotation héréditaire. Ce ne fut pas seulement un bien et un revenu, ce fut aussi un pouvoir politique, de manière que la puissance suprême cessa d'être un pouvoir central, un pouvoir unique; mais il fut morcelé, démembré, disséminé avec toutes les propriétés particulières; il était devenu en quelque sorte patrimonial, et il se rattachait à peine au souverain par la loi de la suzeraineté à l'époque de Hugues-Capet, qui, dit-on, a fondé un système.

Messieurs, Hugues-Capet n'a point fondé de système; il était lui-même le résultat du système dont j'ai parlé, il n'était qu'un de ces seigneurs de l'empire, qu'un descendant de ces anciens capitaines qui, ayant de grands domaines avec une puissance politique attachée à leur possession, se sentirent assez forts pour mépriser la race de Charlemagne, qui d'ailleurs avait bien mérité son sort, puisqu'elle s'était alliée avec l'étranger, et avait cessé d'être française. Hugues-Capet fut choisi par les autres seigneurs pour consacrer le système de la spolation ancienne; pour que chacun, sous son règne, étant précisément dans la même position que lui, demeurât possesseur héréditaire et irrévocable de son fief, et de la portion de la puissance publique qui y était attachée. Ils ne voulurent le reconnaître comme souverain qu'à la condition qu'ils seraient eux-mêmes de petits rois particuliers, et que chacun aurait dans ses terres, droit de justice, droit de guerre privée, lui rendant à peine quelques restes de foi et hommage, avec l'obligation de le suivre à la guerre lorsqu'elle aurait un caractère général, et seulement pendant un temps donné.

Vous voyez que ce n'est pas là une fondation de Hugues-Capet, mais l'usage des fiefs.

Tous les historiens vous disent qu'à cette époque la couronne de France était gouvernée, non pas par un droit public résultant d'une constitution écrite, placé sous la protection d'assemblées délibérantes, mais comme un vaste fief. Vous concevez très-bien alors que Hugues-Capet arrivant à la couronne, y venait avec ses domaines, avec ses fiefs, avant tout comme seigneur féodal. Il était duc de France, duc de l'endroit qui était alors le plus central; il fut choisi par ses compagnons, et l'assemblée, du reste, fut influencée par un poste de six cents hommes qui n'était pas bien éloigné, à ce que disent les historiens.

Voilà donc le principe de la réunion des domaines du roi à la couronne. La couronne était le premier des fiefs, car tous les autres fiefs en relevaient : le roi était le premier souverain fieffeux de son royaume; tout le monde relevait de lui, et, par cette raison, il ne relevait de personne, et, suivant le langage de nos pères, il ne relevait que de Dieu et de son épée. Il ne relevait que de Dieu, et c'est de là que plus tard on a voulu faire dériver un *droit divin* dont on a essayé d'abuser au profit du despotisme; tandis que du temps de nos aïeux, quand tous les autres rois baisaient la mule du pape, cette formule n'exprimait que l'indépendance du roi de France vis-à-vis du souveraien pontife : vis-à-vis de tous autres, le roi de France ne relevait que de son épée, surtout quand il savait s'en servir.

Le principe de la réunion et de la dévolution est donc uniquement un principe féodal. C'est parce que le roi faisait corps avec ses fiefs, parce qu'il ne se séparait pas de sa terre, pas plus que les hommes qui étaient attachés à sa glèbe, qu'en venant à la couronne il y apportait ses terres, ses châteaux, ce qui s'identifiait avec la couronne devenue dans sa main un seul et même fief. Il y réunissait ses domaines et ses fiefs particuliers, de la même manière que les autres seigneurs, quand ils encouraient félonie, voyaient leurs fiefs dévolus à la couronne, c'est-à-dire faire retour au grand fief, au fief central. Ce principe de la réunion à la couronne était général; il opérait, soit que la réunion se fît par acquisition, par confiscation ou par voie de conquête.

Il n'est donc pas inutile, pour défavoriser le principe de la dévolution des biens privés du Roi à la Couronne, d'avoir montré que ce principe n'est autre chose que le principe féodal mis en action ; et le principe qu'on a appelé inaliénabilité n'est encore que le principe féodal; car, de même que le seigneur d'un fief ne pouvait le démembrer, de même le Roi ne pouvait démembrer la couronne de France, qui, entre ses mains, était un fief qu'il devait transmettre intact à ceux qui venaient après lui.

Ce n'est pas là, comme vous le voyez, une fondation de Hugues-Capet ; c'était l'usage des fiefs, qui ensuite devint une maxime d'Etat, parce qu'il fut très-utile aux Rois. Précisément parce qu'il était sorti du sein de la féodalité, ils cherchèrent à en tourner les maximes à leur profit, jusqu'à ce qu'ils fussent assez forts pour la détruire.

Eh bien ! ce qui n'était d'abord qu'une maxime d'Etat, fut, en 1566, converti pour la première fois en loi. On fut obligé de faire une loi, parce que les fiefs avaient déjà subi beaucoup d'altération, et que les Rois avaient trouvé moyen de dilapider plus ou moins leurs domaines par des concessions aux grands seigneurs, à ceux qui savaient se rendre redoutables; car, dans ce temps, il ne s'agissait pas d'acheter le vote des gens : on votait à coup d'épée, et l'on obtenait leur acquiescement en satisfaisant leur avidité et en les contentant sous divers rapports. On porta alors l'édit de 1566, qui fut une loi proposée par le chancelier de l'Hôpital.

Cette loi consacre l'inaliénabilité du domaine comme principe, avec cette exception, que le domaine pourrait être engagé moyennant finance à la charge de perpétuel rachat. C'est-à-dire que, si un domaine était engagé pour 100,000 fr., on avait, au bout de cent ou deux cents ans, toujours enfin le droit de rentrer dans ce domaine, en remboursant, parce qu'il n'était pas aliéné, mais simplement engagé.

Le second moyen de disposer du domaine, était l'apanage. Dans l'origine, les apanages étaient de grands fiefs donnés, non pas à l'héritier présomptif de la couronne, puisqu'il devait succéder au trône sans partage, mais à ses frères ou à ses fils puînés, à charge de retour à la couronne. Quant aux acquisitions, le prince pouvait en prononcer la réunion expresse, et, s'il ne le faisait pas, il suffisait d'une administration confuse avec les autres biens du domaine pendant dix ans, pour en induire son acquiescement tacite; ou s'il mourait sans en avoir disposé, les biens restaient à l'État. Et pourquoi? parce que, dans ce système, le partage du royaume entre les fils du roi n'ayant plus lieu, la couronne restait possesseur des biens particuliers sur lesquels il n'avait pas été statué. C'étaient des espèces d'épaves pour la couronne, comme des biens vacants, qui ne peuvent avoir d'autres maîtres que la couronne elle-même.

Voilà notre ancien droit français.

Sous Henri IV, on essaya de contester l'application de ce droit. Il n'est pas inutile de rendre compte de ce qui a eu lieu alors, afin de savoir bien ce qu'on entend établir aujourd'hui.

Une question de réunion très-grave était alors soulevée. La résistance apportée par Henri IV à la réunion de ses domaines n'était pas seulement motivée sur la tendresse qu'il portait à sa sœur, quoique ce soit le motif qu'il en a donné, et par le désir de voir payer ses créanciers, ce qui était d'équité naturelle; mais, au-dessus de ces deux considérations de droit privé, les affections de famille et les droits des tiers, il y avait une immense question politique.

Quoique élevé durement, Henri IV avait été

élevé sur le trône; non-seulement il avait des domaines particuliers, mais une couronne; plus petite, il est vrai, que celle de France, et de nature à être absorbée par elle-même, mais enfin une couronne distincte. Il importait que le principe d'unité, d'indivisibilité de la couronne de France, que le principe de réunion ne reçût aucune infraction.

On opposa donc à Henri IV l'édit de 1566 et les maximes du royaume. Le Parlement, gardien de ces lois, refusa d'adhérer au vœu de Henri IV; il fit des remontrances, et força le roi d'accepter le principe de la réunion du royaume de Navarre, des fiefs et de toutes les souverainetés particulières qui étaient dans son domaine. Voilà la véritable cause de l'édit de juillet 1607.

Mais faites encore attention à une chose, le prince n'était pas censé dépouillé de ses biens personnels par cette dévolution, il ne les apportait pas au fisc pour s'en séparer lui-même, car *il n'y avait pas alors de domaine de l'Etat distinct de celui de la couronne;* il n'y avait que ce dernier domaine, la Couronne, c'est-à-dire alors l'Etat, la royauté. *Le roi se trouvait donc toujours, comme roi, possesseur des biens qui lui avaient appartenu comme particulier.*

Il en disposait avec beaucoup d'autres objets, non pas à titre d'aliénation, mais à titre d'engagement, dont il gratifiait trop souvent les courtisans, et à titre d'apanages dont il dotait ses enfants; enfin, par toutes les dispositions qui, pour n'être pas irrévocables, n'en procuraient pas moins d'énormes jouissances aux courtisans, aux dépens des revenus, qui, au fond, étaient la véritable richesse de l'Etat.

Après Louis XIII, on fit l'application de ce principe. Louis XIV succéda seul à la couronne, et il constitua à son frère un apanage, à charge de retour.

Sous Louis XVI, au commencement de son règne, il n'y avait pas de domaine privé.

C'est ici que je prie la Chambre de considérer s'il en est résulté quelque bon effet pour le domaine public, quelque avantage même pour la couronne.

Nous étions bien loin des anciennes lois des fiefs à cette époque; les seigneurs féodaux avaient disparu. Il ne restait plus que des titres insignifiants, sans attribution politique. Ainsi, la dévolution au domaine ne pouvait se considérer réellement que sous le rapport financier.

. . . .

En 1791, il s'opéra un grand changement. Au lieu de dire que le domaine était inaliénable, nos premiers législateurs introduisirent le principe contraire, que le domaine était essentiellement aliénable. Pourquoi ? parce qu'alors ce n'était plus en raison de la plus grande masse de terre que possédait le prince, et du plus grand nombre d'hommes que ces terres portaient particulièrement comme dépendances de leur domaine, que s'appréciait la puissance du roi. Ce n'était plus le roi de *France*, c'était le *roi des Français*, c'était le *roi par la loi constitutionnelle* en vertu du pouvoir de l'État, par la nation et en son nom, et non plus en vertu du principe de la féodalité.

Aussi, vous voyez introduire le principe contraire. Le domaine sera aliénable ; seulement, il faudra, pour l'aliéner, une loi, le consentement des pouvoirs d'alors comme aujourd'hui ; enfin une liste civile dont une partie sera dotée en immeubles, et l'autre en argent.

On permit au roi d'avoir un domaine privé ; on en juge ainsi par la loi qui dit que, s'il vient à décéder, il y aura dévolution de ce domaine à la couronne.

Mais c'était, sans le savoir, un reste des anciennes impressions dont on ne pouvait encore entièrement se défendre. De même qu'on a de la peine à se défaire de certaines habitudes de langage qui ne tiennent qu'aux mots, on a aussi beaucoup de peine à se défaire de l'impression des choses; on continue d'y obéir sans s'en rendre compte, quand il y aurait de bons motifs de changer.

Il y a des habitudes politiques qui ne changent pas plus aisément que les habitudes de la vie privée.

Quoi qu'il en soit, on permit un domaine privé en 1791, et l'on maintint le principe de la dévolution de ce domaine à l'Etat en cas de décès du roi.

Sous l'Empire, on établit aussi qu'il pourrait y avoir un domaine privé, et en même temps un domaine extraordinaire, pour faciliter un système de dotation, de majorats, qui n'a pas été poussé aussi loin que sous Hugues-Capet; car, Dieu merci! on n'a pu couvrir la France de majorats, et ceux qui les ont possédés n'ont pu en faire un droit terrier ni un pouvoir politique; il n'y avait que des biens de conquête que le chef a partagés à ses compagnons.

Sous Louis XVIII, on fit encore une modificaion. Il n'y eut plus de domaine extraordinaire, et, pour qu'il n'y en eût plus, on commença par dissiper complètement tout ce qui restait de l'ancien; on accorda aussi à la Couronne une liste civile, et l'on maintint le principe de la dévolution.

Il y a ici quelque chose à dire en faveur de la dynastie qui est actuellement sur le trône de France : c'est qu'elle a tout confié au sol français. L'apanage du duc d'Orléans était en immeubles. La succession de son père, composée de 112 millions à l'époque de la révolution, était alors grevée de 74 millions de dettes. Tous les biens ont été vendus, moins dix millions retrouvés en 1814, et sur lesquels il restait 35 millions de dettes à payer.

Au lieu de suivre un exemple trop général, donné par les grands seigneurs et les princes, qui renonçaient à des successions obérées et laissaient les créanciers se lamenter, le duc d'Orléans a accepté celle de son père. Il l'a acceptée sous bénéfice d'inventaire, pour éviter les saisies et se donner le temps de liquider; mais aussitôt, les biens ont été mis en vente, il les a rachetés aux enchères; en même temps il a annoncé l'intention de payer toutes les dettes, et, en faisant chaque année un fort prélèvement sur les revenus de son apanage, il a trouvé le moyen de payer complètement toutes les dettes de son père, quoiqu'il n'eût laissé que 10 millions d'actif ! A ce point qu'il n'y a plus maintenant un homme, en France ni à l'étranger, qui puisse se dire créancier du Roi des Français !

La succession maternelle est échue ; elle était encore toute patrimoniale, toute foncière ; des indemnités y étaient attachées. Ce qui en est provenu a été employé en entier par le prince, non compris les dépenses qu'il avait déjà faites pour l'accroissement du Palais-Royal. Et il savait bien, cependant, qu'il construisait sur un terrain domanial, puisque le Palais-Royal était apanage ! Au lieu d'exploiter le sol, de le ravager comme l'ont fait certains princes apanagistes, il l'a orné de ces belles constructions qui sont une des merveilles du pays, un des monuments dont la nation peut s'enorgueillir.

On peut tirer de tous les faits que je viens d'énumérer cette conséquence, que la branche d'Orléans, la dynastie aujourd'hui régnante, s'est identifiée avec la nation française au plus haut degré. Jamais prince, jamais dynastie n'a plus lié son sort et ses destinées au sol de la patrie que la maison d'Orléans : elle a confié son avenir et tout ce qui lui appartient au sol français. (*Nouvelles acclamations.*)

Non-seulement le roi actuel n'a jamais acheté de bien qu'en France, mais il n'a jamais placé de l'argent qu'en France ; tout est sous la main de la nation, comme tout est sous la garde de son gouvernement constitutionnel. (*Marques réitérées d'assentiment.*)

Dès lors, *je ne comprends pas pourquoi le prince régnant a fait un abandon à ses enfants de tous les biens qui lui appartenaient au moment de son avènement au Trône.*

Je ne puis voir en cela, de la part de ceux qui ont conseillé cet abandon, qu'une espèce de *préoccupation du passé ;* ils n'ont pu échapper à *l'influence* de ce principe de dévolution, qu'ils supposaient toujours existant comme principe général, sans réfléchir que c'était une nouvelle liste civile qu'il s'agissait de voter, et que les lois de l'*ancienne* dynastie n'y étaient plus applicables.

C'était une constitution nouvelle, *une dynastie nouvelle,* une liste civile nouvelle, qui amèneront des conséquences nouvelles dans les lois comme dans le régime et dans l'avenir du pays. Il importe de remarquer qu'au moins le Prince ne faisait pas fraude à une loi qui, évidemment, ne lui est pas applicable; car on ne peut pas lui appliquer la loi de l'ancienne dynastie.

Il y a séparation entre les deux dynasties. Aujourd'hui, ce n'est pas la législation de Hugues-Capet qui nous régit; il n'y a plus de seigneuries particulières, plus de justices privées, plus de serfs, plus de vassaux; il n'y a que des citoyens soumis au joug de la loi et à l'autorité constitutionnelle de ceux qui commandent en son nom. *La législation est donc maîtresse de changer, sur ce point, les anciens principes, et de statuer différemment.*

On dira : Mais si le prince peut si facilement acheter un domaine privé, il détournera une portion de la liste civile pour grossir ce domaine. Ah! messieurs, Louis-Philippe serait bien mal inspiré ou bien mal conseillé, si une pareille pensée pouvait lui venir ou lui être suggérée!

Accroître le domaine privé avec la liste civile, ce serait faire perdre à cette dernière son nom; ce serait lui faire perdre son caractère que de l'employer à un autre usage que celui auquel elle est destinée.

La liste civile, comme complément de la royauté, *doit être employée royalement, et non dans des vues d'intérêt privé*. Voilà ma profession de foi sur la liste civile; et ce n'est qu'à ce titre que je l'ai défendue. Supposons, au contraire, un prince qui n'aurait pas de domaine privé, et qu'il ait huit enfants dont il veuille avantager quelques-uns. S'il lui était interdit de faire des acquisitions à découvert, quelle facilité n'aurait-il pas de faire des acquisitions sous leur nom, en leur en fournissant les fonds ?

Ce serait alors le cas où le prince pourrait concevoir la malheureuse et impolitique pensée de détourner les fonds de la liste civile pour remplir de pareilles vues ou céder aux perfides conseils qui pourraient lui être donnés d'en agir ainsi. . . . . . .

Laissez, au contraire, le domaine privé à découvert, et j'ose prédire qu'on ne verra pas de tels abus. L'opinion publique qui, pour un roi constitutionnel, est un guide sûr, important à consulter, serait là pour arrêter l'exécution de ce conseil funeste pour la royauté, et ce détournement ne pourrait pas aller bien loin.

J'ai déjà dit que le Trésor ne gagnait guère à ces réunions qui, établies par la loi, sont toujours si facilement éludées. Dans ces derniers temps, en effet, les rois morts ont toujours laissé plus de dettes que de biens, et les créanciers des rois m'ont toujours semblé les plus exposés. . . .

. . . .

Je sais bien que, même d'après l'ancien principe, l'État ne succédait aux dettes que jusqu'à concurrence des biens, qu'autant qu'il en était devenu plus riche, et, suivant l'expression des jurisconsultes, *quatenùs ex his locupletior factus est*. Mais on ne soumet pas ces biens à l'enchère, et alors les créanciers se récrient; ils se figurent que l'État a succédé à des richesses immenses qui pouvaient les satisfaire; que ces biens avaient une valeur extraordinaire, et que l'on doit tout payer. Vous vous faites ainsi *les liquidateurs de successions dont les dettes n'appartiennent pas à la nation et ne doivent pas peser sur elle*. Restez plutôt dans le droit commun. Il ne faut pas qu'aujourd'hui on se figure que les rois sont des individus dont les pieds, pour ainsi dire, ne touchent pas au sol, et qu'ils n'appartiennent plus à l'humanité. Laissez-leur les affections de famille, des biens privés, des biens grevés d'impôts et assujétis à toutes les charges publiques ! qu'ils s'aperçoivent, au moins, par les comptes de l'intendant, que l'impôt pèse sur la propriété ! Qu'ils le sachent au moins une fois par an ! Ce système de franchise me paraît plus avantageux que ce qui s'est pratiqué dans les derniers temps.

Si vous adoptez l'amendement de M. Salverte, il ne faut plus s'occuper des créanciers personnels du roi : au contraire, il faut proclamer bien haut le principe que jamais les dettes du roi ne seront payées par l'Etat; que des fournisseurs ne pourront pas, par des pétitions, venir après lui réclamer le paiement de ce qui leur sera dû. Il faut leur dire bien nettement, une fois pour toutes : « Vous avez contracté avec le roi, c'était « à lui à vous payer; à son défaut, que son héri- « tier vous paie s'il le veut, qu'il vous paie par « piété filiale, mais *jamais l'État ne devra payer* « *les dettes du roi.* »

Et ensuite nous verrons la liste civile marcher d'après la loi que vous avez faite, et développer ce système qui sera une ère nouvelle pour les rois comme pour les peuples; et sur ce point, je l'espère, comme sur tout le reste, la Charte sera une vérité.

La Chambre adopte l'article suivant :

« Le Roi conservera la propriété des biens qui « lui appartenaient avant son avènement à la « couronne; ces biens, et ceux qu'il acquerra à « titre gratuit ou onéreux, composeront son do- « maine privé. »

Sur la disposition du domaine privé, et la dot des princesses.

Messieurs, j'appellerai l'attention de la Chambre sur un point important.

Je rappellerai que le sénatus-consulte du 30 janvier 1810 portait que le chef de l'Etat ne serait pas limité par les prohibitions du code civil, dans la disposition qu'il pourrait faire de son domaine privé.

Ce n'était pas légèrement qu'une semblable exception avait été faite en faveur du chef de l'Etat.

Personne plus que moi n'est partisan de l'égalité des partages en matière de succession; c'est à ce principe que nous devons la prospérité et la grandeur de la France, plus de cordialité et d'intimité dans les familles, et je déclare que je m'opposerai à toute exception à ce principe, soit qu'il s'agisse d'une loi de *substitution qui ferait outrage à l'égalité* entre frère et sœur, soit même qu'il s'agisse de *majorat, dont je ne suis pas plus partisan aujourd'hui que précédemment.*

Mais remarquez qu'il n'y a pas d'autre moyen de maintenir l'égalité au profit de la France, que de s'écarter ici de la loi d'égalité. Voici pourquoi :

Entre simples citoyens, l'égalité existe, non pas seulement dans une famille, mais dans toutes les familles, et c'est ce qu'on appelle le droit commun ; mais, par l'usage qui s'est établi entre les souverains, les alliances n'ont lieu que de maison souveraine à maison souveraine.

Par conséquent, si vous adoptiez pour principe l'égalité absolue de partage entre tous les membres de sa famille, le roi des Français se trouverait singulièrement lésé en mariant ses enfants à d'autres souverains qui tiendraient pour principe, au contraire, que les successions ne se partagent qu'entre les mâles, et que les filles ne doivent avoir qu'une dot, qu'un véritable trousseau.

Ainsi, arrivant que les cinq princes de la famille royale vinssent à se marier en pays étranger, leurs femmes ne leur apporteraient en mariage, comme la duchesse de Berry, que 800 mille francs ou un million, par exemple, et elles n'auraient plus rien à prétendre dans la succession de leurs familles ; tandis qu'un prince étranger qui épouserait une princesse française aurait le huitième de la fortune privée du roi, c'est-à-dire que si les biens du roi se montent à

80 millions, il en recevrait dix. Ce serait dix millions qui passeraient forcément à l'étranger (1).

Ainsi, vous le voyez, ce n'était pas légèrement que l'exception à la règle générale avait été faite en faveur de Napoléon; car il y avait un grand inconvénient politique à appeler des princes étrangers à la possession de riches patrimoines en France, les mariages entre princes ne produisant pas toujours des *alliances*....

Au contraire, si vous maintenez la disposition : « que le roi n'est pas lié, dans l'emploi et la disposition de son domaine privé, par les articles prohibitifs du Code civil, » il pourra s'établir comme maxime d'État, dans la maison de France, que la succession immobilière sera toujours réservée aux princes qui habiteront le sol. Les princesses mariées avec des princes étrangers recevront une dot, sans rappel à succession; et il n'y aura point là d'injustice, car les mariages de souverains se font par conventions diplomatiques.

J'appelle donc l'attention de la Chambre sur

(1) Pour remédier à cet inconvénient autant que possible, dans le contrat de mariage de la reine des Belges on a mis une clause de réversion de ses biens à la maison de France, à défaut d'héritiers mâles.

l'article 24 du projet de la Commission, parce que je crois qu'il vaut mieux que l'amendement de M. Salverte, et qu'il pourrait y avoir danger et ruine pour la France, s'il n'existait pas un correctif à cette disposition.

La Chambre adopte l'article 24 en ces termes :

« Le roi pourra disposer de son domaine « privé, soit par actes entre vifs, soit par tes- « tament, *sans être assujetti aux règles du « Code civil.* »

Discours prononcé par M. Dupin sur cette question : Le domaine privé du roi est-il ou non dévolu à l'État par le fait de l'avènement ?

(Séance du 30 décembre 1831. — *Moniteur* du 31.)

Messieurs,

J'ai été étonné d'entendre parler comme d'une question problématique, comme d'une question e droit, de la question de savoir si les biens du domaine privé du roi auraient été ou non dévolus de plein droit au domaine de l'Etat par son avènement au trône ?

Quoi ! cela ferait question à l'époque où nous sommes, en présence de la Constitution de 1830! Je vais montrer que cela ne peut faire doute ni pour l'ancien régime, ni pour le régime actuel qui est tout-à-fait nouveau.

Dans l'ancien ordre de choses, cela n'aurait pas fait question, parce que la succession était dans l'ordre de légitimité. C'est ce que prouvent ces maximes de l'ancienne monarchie : le roi ne meurt pas en France ! Le roi est mort, vive le roi ! Le successeur était investi à l'instant même où le prédécesseur était décédé, et la dévolution s'opérait de plein droit en vertu du principe de légitimité.

C'est donc de la légitimité que l'on fait sans le savoir, quand on vient prétendre que, parce que Louis-Philippe est devenu roi en 1830, tout son bien est dévolu à la couronne; cela ne peut pas être, et l'on a même le droit de vous dire : cela ne sera pas.

Il y a eu un établissement nouveau ; et ce n'est point par ordre de légitimité ni de quasi-légitimité, de restauration, ni de quasi-restauration, que Louis-Philippe est devenu roi des Français ; c'est par le plein gré de la nation, dont le vœu, exprimé par vous, a été ratifié par tous.

Vous avez mis vos conditions dans une Charte ; mais Louis-Philippe aurait pu dire : Je n'en veux point, et vous auriez cherché un roi ailleurs ; de même que vous aviez le droit de faire vos conditions et de dire : Vous serez roi à ce titre, il avait le droit de vous dire : Je n'accepte point vos conditions. Ainsi, c'est un établissement entièrement nouveau, un établissement né d'un contrat, d'une convention entre les deux parties.

Maintenant, après cette convention, que vous avez faite pour la politique dans la Charte rédigée par vous, soumise au roi et acceptée par lui, sanctionnée par le serment de toutes les parties, il restait un autre établissement à faire, celui de la liste civile. De quel droit, si ce n'est par une confiscation, venir dire : Louis-Philippe avait des biens, et parce qu'il est devenu roi des Français, tous ses biens sont dévolus à l'Etat ?

Il y avait, j'en conviens, une loi pareille faite pour Louis XVIII, pour Charles X et pour leurs successeurs dans l'ordre de légitimité ; mais il n'y en a point qui ait réglé jusqu'ici le sort des biens du roi appelé en vertu de la Charte de 1830. C'est une *convention* à faire entre lui et vous, en toute liberté; car lui aussi est appelé à donner sa sanction à votre loi.

Voici vos droits.

Permis à vous, en votant la liste civile, de faire votre calcul, d'avoir égard à ce que le roi possède ou ne possède pas, si vous voulez. Ceux qui sont influencés par cette considération peuvent dire : Je donne trois millions de moins, parce que le Roi possède trois millions de revenu, et que je ne veux donner que tant de millions à un Roi qui possède tant.

C'est à vous à examiner, à discuter ce que vous devez accorder convenablement, décemment, nationalement. Voilà votre droit, il n'est pas autre. Réciproquement, le roi conserve la liberté, le droit de défendre la possession de son domaine privé, et de refuser toute condition qui ne lui semblerait pas de nature à être acceptée.

En un mot, la loi est à faire; la dotation de la couronne de 1830 est une chose toute nouvelle; il y a en quelque sorte table rase; vous êtes obligés de voter une liste civile, mais le chiffre est libre, et c'est là-dessus seulement que peut s'exercer votre toute-puissance, et non sur les biens privés dont vous ne pouvez pas dépouiller le roi malgré lui.

Vous n'avez pas le droit de dire à Louis-Philippe comme on l'aurait dit au fils de Charles X ou à tout autre membre de sa dynastie : Vous arrivez à la succession légitime, vous êtes saisi de la couronne ; la légitimité vous fait roi malgré vous, et, avant même votre acceptation, votre patrimoine est dévolu à la Couronne.

Voilà ce qu'on aurait pu dire dans une autre hypothèse ; mais ce n'est pas l'ordre de choses établi par la Révolution de 1830. Ici, tout est de convention.

IV.

RAPPORT

DE M. BERRYER,

SUR

La proposition de M. Jules Favre, tendant à déclarer acquis au domaine de l'Etat les biens composant le domaine privé de l'ex-roi Louis-Philippe.

(Séance du 10 Octobre 1848.)

CITOYENS REPRÉSENTANTS,

Vous avez chargé votre Comité des finances d'examiner la proposition qui vous fut présentée, le 5 juillet dernier, par notre honorable collègue, M. Jules Favre: elle a pour objet de *déclarer acquis au domaine de l'Etat les biens composant le domaine privé de l'ex-roi Louis-Philippe.*

Dans la première séance du Comité où cette proposition fut discutée, quelques membres en demandèrent l'ajournement, craignant que les graves questions qu'elle soulève ne rencontrassent trop d'esprits prévenus et trop de dispositions passionnées. La majorité de votre Comité pensa, au contraire, que le devoir et le besoin d'être juste, que le respect du droit, imposeraient silence aux ressentiments et aux passions politiques ; qu'enfin, dans les premiers temps de la République, en présence de théories téméraires ou coupables qui inquiètent et menacent les droits fondamentaux de la société, il fallait saisir toute occasion solennelle de poser avec calme et fermeté les principes du gouvernement de la France et les règles de modération et de justice que l'Assemblée Constituante veut proclamer au nom de la nation.

La proposition de M. Favre est ainsi conçue :

« Les biens meubles et immeubles composant « le domaine privé de l'ex-roi Louis-Philippe sont « déclarés acquis au domaine de l'État.

« Une Commission de dix membres nommée « par M. le Ministre des finances surveillera la « liquidation des créances grevant lesdits biens.

« Les princes de la maison d'Orléans, proprié- « taires d'immeubles situés sur le territoire de la « République, seront tenus d'en opérer la vente « dans le délai de six mois.

« Faute par eux de s'être conformés à cette dis- « position, les immeubles seront vendus à la dili-

« gence de l'administration des domaines, pour le « prix en être distribué à qui de droit. »

Déjà, sous la date du 26 février, le Gouvernement provisoire avait rendu le décret suivant :

« Considérant que la Liste civile ayant été votée pour la durée du règne de l'ex-roi, l'État ne peut être engagé au-delà des sommes qui ont été allouées par le budget;

« Considérant que les biens du domaine privé de l'ex-roi doivent être la garantie des créanciers de l'ancienne Liste civile;

« Considérant que l'Assemblée Nationale sera appelée à décider les questions relatives aux biens privés des membres de l'ex-famille royale,

« Décrète :

Article premier.

« Tous les biens meubles et immeubles désignés sous le nom de *biens de la Liste civile* feront retour au domaine de l'État.

Art. 2.

« Les biens désignés sous le nom de *biens du domaine privé*, tant ceux de l'ex-roi que ceux des membres de l'ex-famille royale, meubles et immeubles, seront administrés, sous séquestre, sans préjudice des droits de l'État et des droits des tiers, auxquels il sera pourvu.

Art. 3.

« Une Commission sera nommée pour la liquidation de l'ancienne Liste civile, et des délégués du Gouvernement seront chargés de maintenir le séquestre mis sur les biens du domaine privé et sur les biens des membres de l'ex-famille royale, jusqu'à ce que l'Assemblée Nationale ait statué sur la destination ultérieure de ces biens. »

Un décret du 1er mars institua un administrateur général « de tous les biens meubles et immeu-« bles, sous séquestre, appartenant soit au do-« maine privé, soit aux princes et princesses de « l'ancienne famille royale. »

Un autre décret du 5 mars a nommé une Commission de liquidation.

Dans un rapport du 9 du même mois, M. Garnier-Pagès, alors Ministre des finances, avait dit au nom du Gouvernement provisoire : « Les biens « de l'ancienne Liste civile ont fait retour au do-« maine de l'État. Il est bien entendu que le do-« maine privé n'est point compris dans cette me-« sure, et qu'il *reste provisoirement sous le sé-« questre*, à la disposition de l'Assemblée Natio-« nale. »

Son successeur, M. Duclerc, dans l'exposé de la situation financière qu'il vous présenta le 12 juin, s'était exprimé en ces termes : « Si, comme je le « pense, Citoyens, et comme j'aurai l'honneur de « vous le proposer, vous décidez que le domaine « privé de l'ex-roi devra supporter les dettes du « domaine privé, les dettes de la Liste civile et les « reprises que l'État a le droit et le devoir de faire, « en restitution des coupes sombres ou allemandes « dont il a été tant de fois parlé, vous trouverez « là encore un notable accroissement de res- « sources. »

La proposition sur laquelle vous êtes appelés à prononcer, présente évidemment un autre caractère et aurait d'autres effets que les actes du Gouvernement provisoire et que les projets ministériels dont nous n'avons pas à nous occuper en ce moment. Pour préciser l'objet de la proposition qui vous est soumise, votre Comité a demandé à l'honorable M. Favre ce qu'il comprenait dans la désignation de biens meubles et immeubles composant le domaine privé de l'ex-roi, qu'il s'agirait de déclarer acquis à la nation.

M. Jules Favre a expliqué sa pensée, en rappelant au Comité que, le 7 août 1830, au moment où la Chambre des Députés délibérait sur la Charte nouvelle qui allait appeler au trône M. le duc d'Orléans, ce prince fit à ses enfants, par un acte authentique, donation entre-vifs de la nue-propriété de tous les biens qu'il possédait en France à titre particulier, et ne se réserva sur ces biens qu'un droit d'usufruit. Le jour où il fut déclaré roi, ce droit d'usufruit constituait seul tout le domaine privé, qui s'accrut depuis, et de quelques acquisitions faites pendant la durée du règne, et des droits légués par Madame Adélaïde à son frère.

Suivant M. Favre, cette donation du 7 août 1830 doit être considérée comme nulle, non avenue et entachée de fraude. Purement fictif, cet acte n'aurait eu pour but que d'empêcher la réunion légale des biens de M. le duc d'Orléans au domaine de la couronne, conformément aux anciens principes du droit domanial.

Nous devons vous faire remarquer qu'il ne s'agit ici que des biens propres et patrimoniaux, advenus à la maison d'Orléans par successions ou acquisitions.

La donation entre vifs du 7 août ne dispose d'aucuns des biens qui ont fait partie de l'apanage constitué par Louis XIV en faveur de son frère, conformément à l'édit de 1631. à la déclaration de 1672 et aux lettres patentes de 1692. Ceux de ces biens apanagers qui se trouvaient invendus, au moment de la Restauration, ont été remis par le roi Louis XVIII à M. le duc d'Orléans, aux termes de ses ordonnances des 18 et 20 mai, 17 septembre et 7 octobre 1814. Cette restitution fut confirmée et consacrée, à l'avènement du roi Charles X, par l'article 4 de la loi du 15 janvier 1825, et une ordonnance, du 20 décembre de la même année, enjoignit à M. le duc d'Orléans de « faire dresser les états, par départements, de la « consistance des biens, de quelque nature qu'ils « soient, composant l'apanage dont il avait été re- « mis en possession. »

Mais, à l'époque du 9 août 1830, tous ces biens dépendants de l'apanage ont fait retour au domaine de l'État; et plus tard ces mêmes biens ayant été réunis, par l'article 4 de la loi du 2 mars 1832, à la dotation immobilière de la Liste civile, en ce moment ils ont de nouveau fait retour au domaine public, en vertu du décret du Gouvernement provisoire qui a fait rentrer dans le domaine de l'État tous les biens dépendants de la dotation de la Liste civile.

C'est donc exclusivement et spécialement à l'égard des biens propres et patrimoniaux de la Maison d'Orléans, que M. Jules Favre revendique l'application des principes du droit de réunion.

C'était, en effet, une maxime de l'ancienne monarchie, maxime consacrée depuis plusieurs siècles et notamment par l'édit de 1607, « que les biens « possédés par les rois avant leur avènement à la « couronne s'unissent au domaine dans l'instant. » Mais il importe de bien connaître l'origine de cette dévolution, et d'en discerner le principe pour en faire une saine et légitime application.

« Par le saint et politique mariage, disaient les « jurisconsultes (1), par le saint et politique ma- « riage entre nos rois et leur couronne, les sei- « gneuries qui leur appartiennent particulière- « ment, sont censées, par même moyen, apparte- « nir au royaume. »

La loi de dévolution était une conséquence de la loi de successibilité au trône.

Par cette loi immuable, la personne du prince, héritier de la souveraineté, était acquise à la Nation, ses droits et ses biens personnels devenaient le droit et le bien de l'État. « La personne privée, « dit un vieil auteur (2), ne peut plus exercer de « droit de possession ni de propriété; elle est en-

(1) Remontrances de M. de La Guesle, 1591.

(2) M. Lefèvre de Laplanche, traité du Domaine.

« trée dans un nouvel être dans lequel elle se
« confond, et elle y est entrée telle qu'elle était,
« avec tous ses droits. Le prince se donne lui-
« même sans réserve et pour l'éternité; il n'a nulle
« inquiétude à avoir pour l'avenir ; sa postérité
« est celle de l'État, ses enfants sont les enfants
« de la France. »

C'est ainsi que le domaine public s'est formé des grands fiefs de Hugues Capet et des riches possessions de ses fils, les Valois et les Bourbons.

Quand Louis XVIII monta sur le trône, en vertu des lois antiques de la monarchie, le vieux droit domanial dut être aussi remis en vigueur, et l'article 20 de la loi du 8 novembre 1814 fut ainsi conçu :

« Les biens particuliers du prince qui parvient
« au trône sont, de plein droit et à l'instant même,
« réunis au domaine de l'État, et l'effet de cette
« réunion est perpétuel et irrévocable. »

Mais n'est-ce pas confondre et les temps, et les principes, et leurs conséquences légales, que d'appliquer ces maximes de l'ancien régime français au gouvernement fondé en 1830 ? La Chambre des Députés proclamant alors, au nom du peuple, des droits inaliénables, invoquant et la nécessité des circonstances, et l'intérêt momentané de la nation, constitua sur ces bases une royauté nouvelle, soumise évidemment, par son principe même, à tous les changements de la volonté nationale.

Ainsi était écartée de notre droit politique la doctrine de l'inadmissibilité du droit à la couronne, et avec elle disparaissait la règle de la dévolution nécessaire des biens personnels du prince à l'État et de leur union au domaine public.

C'est dans ce nouvel ordre d'idées que fut conçue la loi du 2 mars 1832, qui régla l'établissement de la nouvelle Liste civile ; des principes contraires à ceux de l'ancien droit furent adoptés et consacrés en ces termes, par l'article 22 de cette loi : « Le « roi conservera la propriété des biens qui lui ap- « partenaient avant son avènement au trône ; ces « biens et ceux qu'il acquerra à titre gratuit ou « onéreux, pendant son règne, composeront son « domaine privé. »

Il a paru à votre Comité des finances qu'en présence d'une disposition aussi formelle, il était impossible d'invoquer les principes antérieurs; qu'il n'était pas permis de prétendre que ces anciens principes auraient dû continuer de recevoir leur application sous l'empire du régime nouveau. Le droit de propriété privée et personnelle étant maintenu en faveur du chef de l'État, le domaine public ne pouvait être considéré comme frustré par une donation faite par le prince antérieurement à l'acceptation de la couronne, et d'autant moins que l'article 23 de cette même loi du 2 mars 1832 dit expressément : « Le roi peut disposer de son do« maine privé soit par acte entre-vifs, soit par tes« tament, etc. »

Mais, a dit l'auteur de la proposition qui nous occupe, cette loi même a fait fraude au domaine, le vote des Chambres ne fut pas libre, la délibération fut influencée par l'ascendant de la volonté royale.

Votre Comité n'a point pensé que de telles objections fussent sérieuses. Si de pareils arguments étaient accueillis contre une loi votée dans les formes constitutionnelles, tous les droits réglés par la législation pourraient, à chaque changement de Gouvernement, être remis en question, et, sur toutes les matières, il faudrait attribuer un effet rétroactif aux décisions législatives de tout pouvoir nouveau. D'ailleurs, il n'est pas exact de dire que la disposition de l'article 22, ait été dictée par des volontés royales ou des complaisances ministérielles; ce fut un des orateurs les plus ardents et les plus persévérants de l'opposition, M. Eusèbe Salverte, qui proposa cette rédaction ; son amendement, adopté par l'Assemblée, est devenu textuellement l'art. 22 dont nous venons d'avoir l'honneur de vous donner lecture.

Il ne faut pas oublier que, par une juste déduction du principe, cet article fit écrire dans la même loi : qu'il ne serait constitué de dotation pour les fils puînés et les filles du roi, qu'en cas d'insuffisance du domaine privé. De cette disposition légale et du fait de la donation du 7 août 1830, s'élevèrent plus tard les objections les plus sérieuses et les mieux fondées contre les demandes de dotations princières, qui furent vainement présentées aux deux Chambres à diverses reprises.

Enfin la loi de 1832 n'existât-elle pas, la donation du 7 août n'en serait pas moins un contrat librement consenti à une époque où son auteur n'était enchaîné, quant à la disposition de ses biens, par aucun lien de notre droit public. Jusqu'au jour où il a accepté le pacte révocable qui s'est formé entre lui et la Chambre des Députés, le prince, comme propriétaire, n'était assujetti, ainsi que tous les citoyens français, qu'aux règles du droit commun. Il est monté au trône sous la foi de la validité de l'acte qu'il avait pu faire à son gré, en faveur de ses enfants. L'évènement qui l'en a fait descendre et qui en a éloigné sa famille, en fondant la République, justifie toutes les prévisions de la donation. Loin de rechercher dans les circonstances présentes une occasion d'annuler un tel acte, la justice, la bonne foi, la dignité nationale doivent l'entourer d'un respect plus sévère. Désormais les donataires de la nue-propriété des biens patrimoniaux de la maison d'Orléans n'en peuvent être dépossédés que par une violation manifeste du contrat; déclarer ces biens acquis à l'État, ce serait consacrer une atteinte violente au droit de propriété, ce serait prononcer une confiscation arbitraire.

La confiscation est rayée de nos codes, elle ne doit plus y reparaître.

Le principe de la confiscation est contraire aux règles fondamentales de notre législation. Confisquer, ce n'est point infliger une peine personnelle, c'est frapper la descendance d'un châtiment immérité. Rétablie sous le faux prétexte de la raison d'État et de l'intérêt politique, la confiscation ne sera pour l'ordre et la paix publique qu'une vaine et funeste ressource. Toute iniquité se trahit elle-même; le temps combat pour les droits violés; et l'expérience des révolutions nous doit enseigner qu'on ne saurait sauver ni le pouvoir, ni la liberté par l'injustice.

Qu'il s'agisse d'un monarque ou d'un simple particulier, que la spoliation atteigne des palais ou des chaumières, de modestes champs ou de vastes domaines, il n'importe ! le mal est le même, et ce mal est contagieux. En nos jours, plus qu'en aucun temps, l'envahissement de la propriété, l'oubli des droits, le mépris des contrats, seraient des exemples pleins de périls pour la sécurité de toutes les conditions sociales; et tout Gouvernement doit être convaincu que sa dignité, sa force, son influence sur les intérêts de tous, seront jugées et mesurées dans l'esprit des peuples, par le respect qu'il saura garder pour le droit, la justice et l'honnêteté publique.

Dans la seconde partie de sa proposition, M. J. Favre demande qu'une Commission de dix membres, nommés par M. le Ministre des finances, soit chargée de surveiller la liquidation des créances dont le domaine privé peut être grevé. Il avait été pourvu à cet égard par le décret du 26 février, que nous avons rappelé au commencement de ce rapport; aujourd'hui M. le Ministre des finances, en modifiant le séquestre provisoirement établi sur les biens des membres de la famille d'Orléans, reconnaît la nécessité de prendre des mesures pour opérer une liquidation définitive, conformément à la loi et au droit, et pour assurer le paiement, soit de l'État, soit des particuliers régulièrement reconnus créanciers de l'ancienne Liste civile ou du domaine privé.

L'affectation des biens qui composaient le domaine privé, au paiement des dettes de la Liste civile, est conforme aux dispositions de l'art. 26 de la loi du 2 mars 1832, ainsi conçu :

« Demeurant toujours réservés sur le domaine « privé, délaissé par le roi décédé, les droits de ses « créanciers et les droits des employés de sa « maison à qui des pensions de retraite seraient « dues par imputation sur un fonds provenant de « retenues faites sur leurs appointements. »

Mais, aux termes de l'art. 24 de la même loi, « les propriétés du domaine privé sont soumises « à toutes les lois qui régissent les autres pro- « priétés. » Et c'est conformément à ces règles du droit commun que la liquidation des dettes de la Liste civile doit être suivie.

Enfin, par un dernier article, notre honorable collègue voudrait que les princes de la maison d'Orléans, propriétaires d'immeubles situés sur le territoire de la République, fussent tenus d'en opérer la vente dans un délai de six mois, faute de quoi les immeubles seraient vendus à la diligence de l'administration des domaines, pour le prix en être distribué à qui de droit.

Cette injonction, ainsi proposée, peut ne pas paraître renfermer une atteinte formelle au droit de propriété; elle serait, dit-on, justifiée par les circonstances et par l'intérêt politique. Mais est-elle, en effet, une conséquence nécessaire de l'interdiction du territoire prononcée par le décret de l'Assemblée Nationale contre tous les membres de la famille d'Orléans? La nature même de biens immeubles n'offre-t-elle pas une garantie à l'intérêt politique? Le séquestre établi par le Gouvernement provisoire sur tous les biens meubles et immeubles appartenant aux princes et princesses de l'ancienne famille royale, nous a paru présenter, au point de vue de la tranquillité publique, une sécurité plus grande que la conversion de ces vastes domaines en capitaux disponibles.

Tels sont les divers motifs qui déterminent votre Comité des finances à vous proposer de ne point prendre en considération la proposition de M. Jules Favre.

Cependant, citoyens Représentants, il nous est parvenu diverses réclamations de la part de plusieurs particuliers, créanciers ou de la Liste civile, ou du domaine privé, ou de quelques-uns des membres de la famille d'Orléans; vous avez, notamment, ordonné le renvoi à votre Comité des finances d'une pétition signée par un grand nombre de ces créanciers, qui demandent leur paiement et sollicitent une prompte liquidation. Le commerce de Paris est intéressé dans ces réclamations pour des sommes considérables, dont le prochain recouvrement serait un bienfait dans les circonstances présentes.

L'intérêt du Trésor public, qui se porte aussi créancier, est d'accord, à cet égard, avec l'intérêt des particuliers. Pour la sécurité et la conservation de ces différents droits, les biens de tous les princes et princesses de la maison d'Orléans sont, il est vrai, placés provisoirement sous le séquestre; mais le caractère, les effets de ce séquestre et les formes qui doivent le régir, ne sont déterminés par aucunes règles certaines.

Notre législation autorise et règle le séquestre et ses conséquences dans les cas d'absence, de déshérence, de contumace, et dans tous les cas où la justice ordinaire intervient entre des prétentions contradictoires élevées sur un gage litigieux, sur une propriété contestée ou délaissée. Mais ici l'autorité administrative a seule prononcé; c'est dans un intérêt politique que le séquestre a été ordonné; les règles du droit commun, les dispositions spéciales de nos codes, ne sauraient recevoir, de plein droit, leur application à ce cas tout exceptionnel.

Dans un tel état de choses, le séquestre n'a d'autre effet que de rendre indisponibles les biens de toute nature, et de suspendre toute action sur ces biens, tout exercice de droits, soit des propriétaires, soit de leurs créanciers.

Il importe pourtant qu'il soit procédé, sans plus de retard, à une liquidation régulière et complète dans l'intérêt légitime et du Trésor et des particuliers. Sans porter aucune atteinte aux droits de propriété, sans violer ni méconnaître les contrats qui l'ont constituée, vous pouvez ordonner qu'une liquidation sera faite, sous la surveillance de l'Etat, au nom de tous les intérêts publics et privés, et qu'elle sera poursuivie par lui en sa qualité de créancier.

Des aliénations, des emprunts seront nécessaires; ils ne pourront être effectués, par les fondés de pouvoirs des propriétaires, que d'accord avec la Commission de liquidation, et sauf l'approbation du Gouvernement, M. le Ministre des finances devra, en outre, veiller à ce que tous les fonds provenant, ou des revenus des biens, sauf les frais de régie et d'administration, ou des emprunts et des aliénations qui auraient lieu, soient versés à la Caisse des dépôts et consignations. Ces opérations se peuvent faire avec régularité et facilité; car nous avons appris que tous les membres de la famille d'Orléans, donataires aux termes de l'acte du 7 août 1830, viennent de consentir, personnellement, par des actes authentiques, une hypothèque générale et spéciale sur les immeubles dont ils ont la nue-propriété, à l'effet d'assurer l'entier paiement des créances de toute nature dont *l'ex-roi,* leur père, est resté débiteur en France.

Enfin, citoyens Représentants, comme il est de notoriété publique que la valeur des biens qui composent l'ancien domaine privé et de ceux qui ont été l'objet de la donation du 7 août, offre un gage plus que suffisant pour l'entier acquittement de toutes les dettes, soit envers l'Etat, soit envers les particuliers, nous vous proposons d'autoriser le Ministre des finances à restituer immédiatement aux membres de la famille d'Orléans les effets mobiliers à leur usage personnel, et les valeurs mobilières que nos lois déclarent insaisissables, dont ils seront reconnus propriétaires, ainsi que les biens dotaux et tous les droits garantis par les contrats de mariage, qui d'ailleurs ont reçu la forme et l'autorité de conventions diplomatiques; d'ordonner enfin que, jusqu'à l'apurement définitif des opérations de la liquidation, le Conseil des Ministres fixera, sur les revenus annuels des biens séquestrés, une provision en faveur de chacun des propriétaires.

Nous avons senti qu'il serait contraire à la dignité et à la générosité de la France d'imposer d'autres souffrances et d'autres misères à ceux qui doivent tant souffrir d'être proscrits du territoire de la République, ou de laisser des États étrangers porter l'hommage de leurs secours à une famille qui pendant près de vingt années avait obtenu l'honneur de gouverner notre pays et de commander nos armées et nos flottes.

(C'est sur ce rapport qu'est intervenu le décret du 25 octobre 1848.)

DÉCRET DU 25-28 OCTOBRE 1848,

RELATIF

A LA LIQUIDATION DES DETTES DE L'ANCIENNE LISTE CIVILE ET DU DOMAINE PRIVÉ.

Article premier. — Le Ministre des finances est autorisé à prendre les mesures administratives qu'il jugera convenables pour opérer l'entière liquidation des dettes de l'ancienne Liste civile et du domaine privé, soit envers l'Etat, soit envers les particuliers, sauf le recours des ayant-droit devant les juridictions compétentes, conformément aux règles du droit commun.

Le liquidateur général sera nommé par arrêté du chef du pouvoir exécutif.

Art. 2. — Les créanciers devront, dans les trois mois de la promulgation du présent décret, adresser leurs demandes et produire leurs titres au liquidateur général.

Jusqu'au 31 décembre 1849, il ne pourra être intenté d'action ni exercé de poursuites sur les biens séquestrés.

Art. 3. — Le liquidateur général pourra,

dans l'intérêt de la liquidation, stipuler toutes hypothèques et prendre toutes inscriptions sur les biens compris dans le séquestre, en son nom, pour la masse des créanciers.

Dans le cas où, pour activer la liquidation, un emprunt sera jugé nécessaire, il sera négocié par les mandataires des propriétaires, avec le concours du liquidateur général, et sous l'autorisation du Ministre des finances.

Le Ministre des finances est autorisé à consentir que les hypothèques et inscriptions qui seront prises, en vertu du présent article, au profit de l'Etat, soient primées par celles au profit des prêteurs et des créanciers.

L'intérêt des sommes empruntées pourra être stipulé à un taux supérieur à cinq pour cent, avec ou sans commission.

Art. 4. — Le Ministre des finances est autorisé à remettre aux divers membres de la famille d'Orléans les biens dotaux, douaires et valeurs mobilières, ainsi que les objets à leur usage personnel.

Art. 5. — Le conseil des Ministres fixera une provision sur les revenus annuels pour chacun des propriétaires.

Art. 6. — Même après l'emprunt contracté et

les inscriptions prises, le Ministre des finances conservera la haute surveillance sur la régie et l'administration des mandataires des propriétaires, et ceux-ci ne pourront ni vendre, ni renouveler les baux, ni faire aucune coupe de bois extraordinaire qu'avec le concours du liquidateur général et l'autorisation du Ministre.

Art. 7. — Dans tous les cas, les sommes provenant d'emprunts, de ventes et de recouvrement quelconque, même des revenus, seront déposées à la caisse des consignations.

Aucune des sommes ainsi déposées ne pourra être délivrée aux ayant-droit que sur mandat du liquidateur général.

Art. 8. — Les dispositions des art. 4, 5, 6 et 7 du présent décret sont applicables aux biens particuliers de M. le duc d'Aumale et de M. le prince de Joinville.

La surveillance de l'administration des biens de M. le duc d'Aumale sera confiée à un commissaire spécial nommé par le chef du pouvoir exécutif.

Art. 9. — L'art. 3 du décret du 26 février, les décrets des 5 et 12 mars, et le décret du 15 avril 1848, relatifs à la liquidation de la Liste civile et du domaine privé, sont abrogés.

Art. 10. — Les opérations et le compte définitif de la liquidation, en ce qui concerne les droits de l'Etat, seront soumis à l'approbation de l'Assemblée Nationale.

Signé : **ARMAND MARRAST**, *Président ;* **PEUPIN, LÉON ROBERT, LANDRIN, BÉRARD, EMILE PÉAN, F. DEGEORGE**, *Secrétaires.*

Le chef du pouvoir exécutif,

Signé : **CAVAIGNAC.**

V.

DISCOURS DE M. FOULD,

MINISTRE DES FINANCES,

SUR LA LOI DU 4 FÉVRIER 1850.

Messieurs, le décret du 25 octobre 1848, relatif à la liquidation des dettes de l'ancienne Liste civile, porte, dans son article 2, que, jusqu'au 31 décembre 1849, les créanciers ne pourront intenter d'action, ni exercer de poursuites sur les biens du domaine privé placés sous le séquestre.

Le Gouvernement a eu l'honneur de soumettre à vos délibérations un projet de loi tendant à proroger de trois mois cette dérogation au droit commun.

En vous proposant d'urgence ce projet, quelques jours avant l'expiration du terme fatal, le Gouvernement avait pour but unique de sauvegarder divers intérêts civils, que le moindre retard aurait pu compromettre.

Votre Commission n'a pas cru devoir se renfermer dans cette limite; elle a voulu agrandir sa mission; elle a abordé la question même de la levée du séquestre, question d'un ordre supérieur, essentiellement politique, qui nous place à un autre point de vue et en présence d'autres intérêts. La Commission vous demande, en effet, de décider que M. le prince de Joinville et M. le duc d'Aumale rentreront dès aujourd'hui dans la libre disposition de leur fortune particulière, en laissant sous la main de l'Etat, d'une manière indéfinie, les biens composant le domaine privé.

La Commission, entrant dans cette voie, a-t-elle fait, par la solution incomplète qu'elle vous propose, tout ce que la justice exige et tout ce que les circonstances peuvent comporter?

Nous ne le pensons pas.

Le Gouvernement, préoccupé de cette question, et consultant l'état actuel du pays, avait reconnu la possibilité d'une solution plus libérale. Il serait venu prochainement vous soumettre ses résolutions; mais puisque l'occasion nous en est fournie, nous n'avons aucun motif pour tarder davantage à vous communiquer toute la pensée du Président de la République et du cabinet.

Le décret du 25 octobre 1848 a placé à la fois hors du droit commun, quant à leurs intérêts civils, Louis-Philippe, sa famille et ses créanciers.

Dans l'esprit de la loi, cette position exceptionnelle, commandée par des circonstances extraordinaires et les exigences du moment, avait un caractère essentiellement transitoire; il ne pouvait entrer dans la pensée équitable et généreuse du Président de la République de la prolonger au-delà du terme rigoureusement nécessaire.

A l'égard des princes, nous partageons l'avis de la Commission : la liquidation de leurs affaires, complètement étrangère au Trésor, n'offre ni complication, ni embarras. Il est de la dignité de la République de replacer immédiatement leurs intérêts purement privés sous l'empire de la loi ordinaire. Ils continueront à prouver à la France, nous en sommes convaincus, qu'elle a raison de compter sur leur loyauté, et qu'elle a pu se montrer envers eux, sans imprudence, bienveillante et juste.

En ce qui concerne le domaine privé, la Commission a reconnu que l'interdiction des poursuites judiciaires et le séquestre sont deux mesures intimement corrélatives. Néanmoins, en vous proposant de proroger la première jusqu'au 31 décembre 1850, elle maintient l'autre indéfiniment; de telle sorte que les créanciers rentreraient dans le droit commun, alors que le droit exceptionnel continuerait à peser sur le débiteur.

Les circonstances permettent, et nous vous proposons de faire revivre les lois générales du pays pour tous ces intérêts, à partir d'une époque identique que nous fixons au 1er août 1850.

Dans les prévisions du décret du 25 octobre et des représentants de la famille d'Orléans, la liquidation ne semble pas devoir s'opérer au moyen de la vente des immeubles; elle a chance de se terminer avec les ressources d'un emprunt dont la négociation, heureusement commencée, rendra plus que suffisant le délai que nous proposons. Cette négociation sera librement poursuivie par les mandataires du comte de Neuilly, qui en régleront eux-mêmes les conditions. Le Gouvernement n'interviendra, pour l'autoriser, qu'autant qu'elle réunira les conditions d'équité et de publicité qui doivent entourer une opération de cette nature.

Dans tous les cas, serait-il juste d'étendre davantage le délai que nous venons d'indiquer?

N'oublions pas que des marchands, des artistes, des ouvriers, en grand nombre, attendent depuis deux ans avec résignation, mais non sans dommage, le solde de leurs comptes, et que le Trésor, créancier lui-même de sommes importantes, n'est pas en position de négliger cette ressource.

Sans doute, il y aurait injustice à rendre aux créanciers la liberté des poursuites, si on devait maintenir les biens du débiteur dans les conditions d'indisponibilité où le séquestre les place aujourd'hui ; mais, en rendant au même moment aux créanciers et au débiteur le bénéfice du droit commun, n'enlève-t-on pas, de part et d'autre, tout motif de plainte fondée?

Nous aurions pu vous apporter un projet de loi conforme à ces idées ; mais cette marche aurait nécessité le retrait du premier projet, et entraîné sans utilité de nouveaux retards. Nous avons cru, mon honorable collègue de la justice et moi, que nous répondions mieux au désir de l'Assemblée en lui soumettant par voie d'amendement, en vertu de notre droit d'initiative parlementaire, la proposition ci-après, qui, ainsi que je l'ai dit, *résume la pensée du Gouvernement.*

Voici le paragraphe additionnel :

« A cette, époque, le séquestre mis sur les « biens du domaine privé sera levé. »

« Les lois et décrets antérieurs à la présente « loi cesseront d'avoir leur effet en ce qu'ils « auraient de contraire à cette disposition. »

VI.

LOI

RELATIVE A LA LIQUIDATION DE L'ANCIENNE LISTE CIVILE ET DU DOMAINE PRIVÉ.

Du 4 Février 1850.

L'Assemblée Nationale Législative a adopté d'urgence la loi dont la teneur suit :

Article premier.—L'interdiction prononcée par le paragraphe 2 de l'article 2 du décret du 25 octobre 1848, relatif à la liquidation de l'ancienne liste civile, est prorogée jusqu'au 1er août 1850.

A cette époque, le séquestre mis sur les biens du domaine privé sera levé.

Les lois et décrets antérieurs à la présente loi cesseront d'avoir leur effet en ce qu'ils auraient de contraire à cette disposition.

2.—L'article 8 du décret du 25 octobre 1848, et toutes autres dispositions concernant les biens particuliers de M. le prince de Joinville et de M. le duc d'Aumale, qui ne sont pas compris dans la donation du 7 août 1830, sont abrogés.

3. — Les débiteurs et le liquidateur général sont autorisés à emprunter, s'ils le jugent convenable, par adjudication, avec publicité et concurrence, suivant le mode adopté pour l'emprunt de la ville de Paris, conformément au décret du 24 août 1848, ou suivant tel autre mode adopté dans les emprunts publics, des sommes qui pourront s'élever jusqu'à vingt millions de francs.

Délibéré en séance publique, à Paris, le 4 février 1850.

Le Président et les Secrétaires,

Signé : Daru, *Vice-Président;* Arnaud (de l'Ariège), Peupin, Lacaze, Chapot, Bérard.

La présente loi sera promulguée et scellée du sceau de l'État.

Le Président de la République,

Signé : Louis-Napoléon Bonaparte.

Le Garde des sceaux, Ministre de la justice,

Signé : E. Rouher.

EXTRAIT DE L'ACTE D'EMPRUNT

PAR SOUSCRIPTIONS

DE LA SOMME DE VINGT MILLIONS PAR M. LE COMTE DE NEUILLY, PASSÉ DEVANT Me ESNÉE ET Me DENTEND, NOTAIRES A PARIS, LES 25 ET 26 FÉVRIER 1850.

—

§ 6.

Intervention de M. le Liquidateur général et de M. Fould, Ministre des finances.

M. Vavin, en sa qualité de Liquidateur général de l'ancienne Liste civile et du domaine privé, reconnaît que les conventions qui précèdent ont eu lieu avec son concours, et y donne son adhésion.

De son côté, M. le Ministre des finances déclare autoriser ces conventions.

De plus, et en vertu des pouvoirs que lui confère le décret du 25 octobre 1848, M. le Ministre des finances consent à ce que les inscriptions prises au profit de l'Etat soient primées par celles qui seront formées en vertu des présentes.

Par suite, le Comptoir national et les créanciers qui auront concouru à l'emprunt seront, dans tous ordres et distributions, colloqués par préférence à l'Etat.

VII.

DÉCRET

PORTANT QUE LES MEMBRES DE LA FAMILLE D'ORLÉANS SONT TENUS DE VENDRE TOUS LES BIENS QUI LEUR APPARTIENNENT EN FRANCE.

Du 22 Janvier 1852.

Le Président de la République,

Considérant que tous les gouvernements qui se sont succédé ont jugé indispensable d'obliger la famille qui cessait de régner à vendre les biens meubles et immeubles qu'elle possédait en France;

Qu'ainsi, le 12 janvier 1816, *Louis XVIII* contraignit les membres de la famille de l'Empereur *Napoléon* de vendre leurs biens personnels dans le délai de six mois, et que, le 10 avril 1832, *Louis-Philippe* en agit de même à l'égard des princes de la famille aînée des *Bourbons;*

Considérant que de pareilles mesures sont toujours d'ordre et d'intérêt public;

Qu'aujourd'hui plus que jamais de hautes considérations politiques commandent impérieusement de diminuer l'influence que donne à la famille d'*Orléans* la possession de près de trois cents millions d'immeubles en France ;

Décrète :

Article premier.—Les membres de la famille d'*Orléans*, leurs époux, épouses et leurs descendants, ne pourront posséder aucuns meubles et immeubles en France : ils seront tenus de vendre, d'une manière définitive, tous les biens qui leur appartiennent dans l'étendue du territoire de la République.

2.—Cette vente sera effectuée dans le délai d'un an, à partir, pour les biens libres, du jour de la promulgation du présent décret, et, pour les biens susceptibles de liquidation ou discussion, à partir de l'époque à laquelle la propriété en aura été irrévocablement fixée sur leur tête.

3.—Faute d'avoir effectué la vente dans les délais ci-dessus, il y sera procédé à la diligence de l'administration des domaines, dans la forme prescrite par la loi du 10 avril 1832.

Le prix des ventes sera remis aux propriétaires ou à tous autres ayants droit.

Fait au palais des Tuileries, le 22 janvier 1852.

Signé : Louis-Napoléon.

Par le Président de la République :

Le Ministre d'État,

Signé : X. de Casabianca.

DÉCRET

QUI RESTITUE AU DOMAINE DE L'ÉTAT LES BIENS MEUBLES ET IMMEUBLES QUI SONT L'OBJET DE LA DONATION FAITE, LE 7 AOUT 1830, PAR LE ROI *Louis-Philippe.*

Du 22 Janvier 1852.

Le Président de la République,

Considérant que, sans vouloir porter atteinte au droit de propriété dans la personne des princes de la famille d'*Orléans*, le Président de la République ne justifierait pas la confiance du Peuple français s'il permettait que des biens qui doivent appartenir à la Nation soient soustraits au domaine de l'État;

Considérant que, d'après l'ancien droit public de la France, maintenu par le décret du 21 septembre 1790 et par la loi du 8 novembre

1814, tous les biens qui appartenaient aux princes lors de leur avènement au trône étaient de plein droit et à l'instant même réunis au domaine de la couronne;

Qu'ainsi le décret du 21 septembre 1790, de même que la loi du 8 novembre 1814, portent :

« Les biens particuliers du prince qui par-
« vient au trône, et ceux qu'il avait pendant
« son règne, à quelque titre que ce soit, sont
« de plein droit et à l'instant même unis au
« domaine de la Nation, et l'effet de cette union
« est perpétuel et irrévocable; »

Que la consécration de ce principe remonte à des époques fort reculées de la monarchie; qu'on peut, entre autres, citer l'exemple de *Henri IV* : ce prince ayant voulu empêcher, par des lettres patentes du 15 avril 1590, la réunion de ses biens au domaine de la couronne, le parlement de Paris refusa d'enregistrer ces lettres patentes, aux termes d'un arrêt du 15 juillet 1591, et *Henri IV*, applaudissant plus tard à cette fermeté, rendit, au mois de juillet 1601, un édit qui révoquait ses premières lettres patentes;

Considérant que cette règle fondamentale de la monarchie a été appliquée sous les règnes de

Louis XVIII et de *Charles X*, et reproduite dans la loi du 15 janvier 1825;

Qu'aucun acte législatif ne l'avait révoquée le 9 août 1830, lorsque *Louis-Philippe* a accepté la couronne; qu'ainsi, par le fait seul de cette acceptation, tous les biens qu'il possédait à cette époque sont devenus la propriété incommutable de l'Etat;

Considérant que la donation universelle sous réserve d'usufruit, consentie par *Louis-Philippe* au profit de ses enfants, à l'exclusion de l'aîné de ses fils, le 7 août 1830, le jour même où la royauté lui avait été déférée, et avant son acceptation, qui eut lieu le 9 du même mois, a eu uniquement pour but d'empêcher la réunion au domaine de l'Etat des biens considérables possédés par le prince appelé au trône;

Que, plus tard, lorsqu'il fut connu, cet acte souleva la conscience publique;

Que, si l'annulation n'en fut pas prononcée, c'est qu'il n'existait pas, comme sous l'ancienne monarchie, une autorité compétente pour réprimer la violation des principes du droit public, dont la garde était anciennement confiée aux parlements;

Qu'en se réservant l'usufruit des biens compris dans la donation, *Louis-Philippe* ne se dépouillait de rien, et voulait seulement assurer à sa famille un patrimoine devenu celui de l'Etat;

Que la donation elle-même, non moins que l'exclusion du fils aîné, dans la prévoyance de l'avènement au trône de ce fils, était, de la part du roi *Louis-Philippe*, la reconnaissance la plus formelle de cette règle fondamentale, puisqu'il fallait tant de précautions pour l'éluder;

Qu'on exciperait vainement de ce que l'union au domaine public des biens du prince ne devait résulter que de l'acceptation de la couronne par celui-ci, et de ce que cette acceptation n'ayant eu lieu que le 9 août, la donation consentie le 7 du même mois avait dû produire son effet;

Considérant qu'à cette dernière date *Louis-Philippe* n'était plus une *personne privée*, puisque les deux Chambres l'avaient déclaré roi des Français, sous la seule condition de prêter serment à la Charte ;

Que, par suite de son acceptation, il était roi dès le 7 août, puisque ce jour-là la volonté nationale s'était manifestée par l'organe des deux Chambres, et que la fraude à une loi d'ordre public n'existe pas moins lorsqu'elle est concertée en vue d'un fait certain qui doit immédiatement se réaliser;

Considérant que les biens compris dans la

donation du 7 août, se trouvant irrévocablement incorporés au domaine de l'Etat, n'ont pu en être distraits par les dispositions de l'article 22 de la loi du 2 mars 1832 ;

Que ce serait, contrairement à tous les principes, attribuer un effet rétroactif à cette loi que de lui faire valider un acte radicalement nul d'après la législation existante à l'époque où cet acte a été consommé ;

Que, d'ailleurs, cette loi, dictée dans un intérêt privé par les entraînements d'une politique de circonstance, ne saurait prévaloir contre les droits permanents de l'Etat et les règles immuables du droit public ;

Considérant, en outre, que, les droits de l'Etat ainsi revendiqués, il reste encore à la famille d'*Orléans* plus de cent millions, avec lesquels elle peut soutenir son rang à l'étranger ;

Considérant aussi qu'il est convenable de continuer l'allocation annuelle de trois cent mille francs portée au budget pour le douaire de la duchesse d'*Orléans ;*

Décrète :

Article premier. — Les biens meubles et immeubles qui sont l'objet de la donation faite, le 7 août 1830, par le roi *Louis-Philippe*, sont restitués au domaine de l'Etat.

2.—L'État demeure chargé du payement des dettes de la liste civile du dernier règne.

3.—Le douaire de trois cent mille francs alloué à la duchesse d'*Orléans* est maintenu.

4.—Les biens faisant retour à l'État, en vertu de l'article 1er, seront vendus en partie à la diligence de l'administration des domaines, pour le produit en être réparti ainsi qu'il suit :

5.—Dix millions sont alloués aux sociétés de secours mutuels autorisées par la loi du 15 juillet 1850.

6.—Dix millions seront employés à améliorer les logements des ouvriers dans les grandes villes manufacturières.

7.—Dix millions seront affectés à l'établissement d'institutions de crédit foncier dans les départements qui réclameront cette mesure, en se soumettant aux conditions jugées nécessaires.

8. — Cinq millions serviront à établir une caisse de retraite au profit des desservants les plus pauvres.

9.—Le surplus des biens énoncés dans l'article premier sera réuni à la dotation de la Légion-d'Honneur, pour le revenu en être affecté aux destinations suivantes, sauf, en cas d'insuffisance, à y être pourvu par les ressources du budget.

10.—Tous les officiers, sous-officiers et soldats de terre et de mer en activité de service, qui seront à l'avenir nommés ou promus dans l'ordre national de la Légion-d'Honneur, recevront, selon leur grade dans la Légion, l'allocation annuelle suivante :

Les légionnaires (comme par le passé)	250 f
Les officiers	500
Les commandeurs	1,000
Les grands-officiers	2,000
Les grands-croix	3,000

11.—Il est créé une médaille militaire donnant droit à cent francs de rente viagère, en faveur des soldats et sous-officiers de l'armée de terre et de mer placés dans les conditions qui seront fixées par un règlement ultérieur.

12.—Un château national servira de maison d'éducation aux filles ou orphelines indigentes des familles dont les chefs auraient obtenu cette médaille.

13.—Le château de Saverne sera restauré et achevé, pour servir d'asile aux veuves des hauts fonctionnaires civils et militaires morts au service de l'Etat.

14.—En considération des présentes, le Président de la République renonce à toute réclamation au sujet des confiscations prononcées, en 1814 et en 1815, contre la famille *Bonaparte*.

15.—Les Ministres sont chargés, chacun en ce qui le concerne, de l'exécution du présent décret.

Fait au palais des Tuileries, le 22 janvier 1852.

Signé : Louis-Napoléon.

Par le Président de la République :

Le Ministre d'État,

Signé : X. de Casabianca.

VIII.

LES EXÉCUTEURS TESTAMENTAIRES

DU

FEU ROI LOUIS-PHILIPPE

AU PRINCE PRÉSIDENT DE LA RÉPUBLIQUE.

Les exécuteurs testamentaires du feu roi Louis-Philippe obéissent à un devoir impérieux en venant protester contre le décret du 22 janvier 1852, relatif aux biens de la maison d'Orléans.

Ce décret renverse en effet de fond en comble, non-seulement les testaments qu'ils ont mission de faire exécuter, mais encore tous les contrats civils qui ont réglé et fixé la position et les droits des divers membres de cette auguste maison. Ils viennent, en dehors de toutes préoccupations politiques, signaler à la justice du prince Président de la République les erreurs de droit sur lesquelles le second décret repose tout entier. Si ces erreurs n'étaient reconnues et redressées, elles constitueraient l'atteinte la plus grave aux droits sacrés de la propriété et de la famille.

Pour anéantir la donation du 7 août 1830, pour déclarer réunies au domaine public les propriétés possédées à cette époque par le duc d'Orléans, le second décret du 22 janvier 1852 invoque le principe ancien de la dévolution à l'État des biens privés du prince qui montait sur le trône. Nous pourrions examiner historiquement ce principe; nous pourrions montrer que dans l'ancien droit lui-même il n'était considéré que comme une émanation de la féodalité, alors qu'il n'y avait pas de domaine de l'État distinct du domaine de la couronne: nous pourrions établir que l'empereur Napoléon l'a formellement répoussé (sénatus-consulte du 30 janvier 1810, titre III, articles 48 et 49); nous pourrions rappeler que le roi Charles X l'a écarté en fait au moyen d'une donation consentie en faveur de son fils puîné, frère du prince qui était alors son héritier présomptif. Mais ces considérations seraient ici surabondantes: une seule, d'une toute autre nature, domine la question. L'ancien droit monarchique ne saurait être sérieusement invoqué contre le prince qui recevait la couronne, non pas conformément, mais contrairement à cet ancien droit.

Le roi Louis Philippe a occupé le trône après le roi Charles X : il n'a pas été son successeur et son héritier. Les lois de l'ancienne monarchie ne pouvaient s'appliquer à une monarchie nouvelle, à une Constitution nouvelle, à une liste civile nouvelle, devant amener des conséquences nouvelles dans les lois comme dans le régime et dans l'avenir du pays. Ainsi, en abandonnant à ses enfants, le 7 août 1830, leur patrimoine héréditaire, le prince ne faisait aucune fraude à une loi qui ne lui était pas applicable. Le droit et les faits suffisent à repousser cette tache que les considérants du décret infligeraient à sa mémoire.

En l'absence même de toute donation, le principe ancien de la dévolution des biens eût dû rester lettre-morte ; mais à plus forte raison quand telle avait été la condition sous laquelle le duc d'Orléans avait accepté la couronne en 1830. Ce prince n'hésita pas à dévouer sa vie au salut de la société en péril, au milieu d'une tourmente qu'il n'avait ni suscitée ni désirée, mais il entendit que ses enfants conservassent le patrimoine que lui-même tenait de ses ancêtres.

La donation du 7 août, inutile au point de vue d'un droit qui n'existait plus, ne constatait qu'une chose, la volonté bien arrêtée du prince qui allait monter sur le trône, de maintenir la propriété de son domaine privé dans les mains de sa famille, et c'était assurément une condition qu'il avait le droit de stipuler *le 7 août 1830*. A cette époque, en effet, quoique déclaré roi des Français par les deux Chambres, il n'était, jusqu'à son acceptation de la couronne, que simple prince français. Cela est si vrai que, par une disposition de la loi du 2 mars 1832, il a été dit que la liste civile n'aurait son effet qu'à partir *du 9 août*, le duc d'Orléans ne se reconnaissant roi que le jour où il avait accepté la couronne et prêté serment à la Constitution. A ce moment donc, il y a eu contrat, convention solennelle, entre la nation et le prince ; et en nous pénétrant de tous les souvenirs de cette époque, nous ne pouvons comprendre à quelle source on a été puiser l'idée que cette donation, connue plus tard, aurait soulevé la conscience publique. Bien loin de là, il est certain qu'à l'autorité des principes sous la protection desquels nous venons de la placer, était venu se joindre non-seulement la sanction de la loi, mais encore la consécration de sa validité par tous les pouvoirs publics qui se sont succédé en France depuis 1830.

En 1830, il est vrai, les parlements gardiens des principes du droit public n'existaient plus ; mais les pouvoirs n'étaient pas pour cela concentrés dans une main unique, et les deux Chambres auraient eu, sans doute, le droit et le devoir de faire application de l'ancien principe monarchique au prince monté sur le trône, si ce principe eût paru devoir lui être appliqué.

Or, elles ont au contraire formellement reconnu (art. 22 de la loi du 2 mars 1832) que le roi avait *conservé* la propriété des biens qui lui appartenaient avant son avènement au trône.

La loi du 2 mars 1832, œuvre de pouvoirs éminemment indépendants, et que l'histoire n'accusera pas d'une trop grande condescendance pour les intérêts matériels de la famille royale, n'a nullement rétroagi sur un passé qui ne lui appartenait pas. Elle s'est bornée à reconnaître que les principes du droit public invoqués par le décret du 22 janvier n'étaient pas applicables à la position toute spéciale du duc d'Orléans, et qu'à aucun moment il n'y avait eu dévolution à l'Etat des biens de la donation. La loi du 2 mars 1832 a été déclarative du droit préexistant, comme l'eût été un jugement qui serait intervenu sur une prétention analogue du domaine de l'Etat; seulement, elle a statué avec plus d'autorité et de solennité. Nier, ainsi que le décret du 22 janvier ne craint pas de le faire, la compétence et l'autorité des pouvoirs publics de la monarchie constitutionnelle, c'est menacer tous les intérêts créés ou garantis pendant une période de trente années; c'est faire un premier pas vers une perturbation profonde dans notre droit public.

La révolution de 1848 est survenue, qui aurait suffi à elle seule pour détruire les effets de ce prétendu retour au domaine de l'Etat, même alors (ce qui n'est pas) qu'il aurait eu lieu en 1830; car, si le droit des anciens temps voulait que le prince, devenant roi, apportât à l'Etat sa fortune personnelle, c'était apparemment sous la condition qu'il conserverait la couronne. Mais le Gouvernement provisoire, bornant ses rigueurs à une mesure de séquestre, respecta et reconnut lui-même la donation du 7 août 1830.

Au mois d'octobre 1848, la question s'est engagée devant l'Assemblée Constituante, sur la proposition d'un Représentant, M. Jules Favre.

Le rapport fut confié à l'honorable M. Berryer.

« Qu'il s'agisse d'un monarque ou d'un sim-
« ple particulier, disait l'éloquent rapporteur,
« que la spoliation atteigne des palais ou des
« chaumières, de modestes champs ou de vastes
« domaines, il n'importe ! le mal est le même,
« et ce mal est contagieux, en nos jours plus
« qu'en aucun temps. L'envahissement de la
« propriété, l'oubli des droits, le mépris des
« contrats, seraient des exemples pleins de pé-
« rils pour la sécurité de toutes les conditions
« sociales, et tout Gouvernement doit être con-
« vaincu que sa dignité, sa force, son influence
« sur les intérêts de tous, seront jugées, mesu-
« rées dans l'esprit des peuples par le respect
« qu'il saura garder pour le droit, la justice et
« l'honnêteté publique. »

La proposition fut *unanimement* rejetée, sans que son auteur ait même essayé de la soutenir à la tribune.

Plus tard, l'Assemblée Législative, loin de contester la donation du 7 août, autorisa le feu roi Louis-Philippe à consentir un emprunt, et dans cet emprunt sont intervenus les donataires pour hypothéquer les biens compris dans la donation. Bien plus, le Gouvernement lui-même concourut aussi à cet emprunt conclu par l'administration des biens de la Maison d'Orléans, et signé par le Ministre des finances, au nom de l'Etat, qui, ayant déjà pris une hypothèque sur ces mêmes biens dont on prétend aujourd'hui qu'il était dès lors propriétaire, a consenti, au profit des prêteurs, une antériorité d'hypothèque.

En 1850, enfin, une Commission de l'Assemblée ayant proposé de lever le séquestre sur les biens de LL. AA. RR. le prince de Joinville et le duc d'Aumale, M. le Ministre des finances vint, *au nóm* de M. le Président de la République, exposer la pensée du Gouvernement et réclamer de l'Assemblée une mesure plus complète et plus juste, en demandant la levée du séquestre sur les biens mêmes de la donation du 7 août 1830, qu'il obtint ainsi de restituer à son royal propriétaire. (Voir le *Moniteur,* discours de M. Fould, du 24 février 1850.)

Ainsi, à toutes les époques, et jusqu'au décret de 22 janvier 1852, consécration après des débats solennels de la propriété de la famille d'Orléans; triple reconnaissance que les biens de la dotation n'ont cessé de lui appartenir.

Arrivons aux conséquences de ce décret.

Ce n'est pas seulement à la propriété du chef de la famille qu'il porte atteinte; il renverse tous les pactes intervenus soit entre les membres divers de cette famille, soit avec des tiers.

Des avantages en avancement d'hoirie ont eu lieu au profit de certains enfants du roi, des dots ont été constituées par huit contrats de mariage, des traités diplomatiques sont intervenus à cet égard avec huit puissances étrangères : plusieurs des enfants du roi l'ont prédécédé; ils sont eux-mêmes représentés par des héritiers mineurs, les uns Français, les autres étrangers ; une partie des biens de la donation ont été vendus ; les autres ont été affectés à l'emprunt. Droits héréditaires, droits des princes étrangers, droits des mineurs, droits des tiers, le décret s'attaque à tout, renverse tout.

Il y a plus : en brisant le testament du roi, le décret fausse encore celui de Madame Adélaïde, son auguste sœur.

Le roi et Madame avaient en effet combiné leurs dispositions testamentaires de manière à éviter le morcellement, dans la main de leurs enfants, des grands corps de biens dont ils étaient propriétaires. A cet effet, l'une des successions assurait davantage à celui qui avait moins dans la seconde. Les deux testaments s'harmonisaient ainsi pour réaliser la pensée commune, l'égalité entre tous.

Cette égalité disparaît si le testament du roi est détruit, et le testament du roi est détruit si les biens de la donation sont distraits du patrimoine commun. En effet, celui des héritiers dans le lot duquel auront été placés des biens échappant à l'application du décret, pourra-t-il conserver la part qui lui a été faite par le testament, quand le décret frappera les biens attribués à son co-héritier ?

C'est à ce point de vue de l'exécution testamentaire confiée à nos soins, que notre mandat est engagé, et que nous avons mission et devoir d'en appeler à la justice mieux éclairée du chef de l'État.

Dans tous les cas, nous demanderons des juges.

C'est une question de propriété que tranche le décret, et il la tranche soi-disant par application des principes du droit public, tandis que la solution de ces sortes de questions appartient essentiellement aux tribunaux dont l'autorité est restée debout.

En terminant, les exécuteurs testamentaires du feu roi Louis-Philippe ne peuvent se taire sur deux grandes erreurs de fait proclamées par les décrets du 22 janvier. Bien qu'étrangères au point de droit, ces erreurs paraissent malheureusement avoir exercé une trop grande influence sur sa solution, pour qu'elles ne soient pas rectifiées par eux.

D'après les décrets, la famille d'Orléans possèderait 300 millions d'immeubles en France, et, distraction faite des biens de la donation, il lui resterait plus de 100 millions. De pareils chiffres ne peuvent avoir été fournis que par des personnes absolument étrangères aux affaires de la famille d'Orléans.

Les exécuteurs testamentaires du feu roi Louis-Philippe, dont la mission a été de tout approfondir, sont en mesure d'affirmer que l'un et l'autre chiffre sont complètement erronés. Bien plus, ils attestent que l'exécution du décret du 22 janvier 1852 serait la ruine à peu près complète des héritiers du feu roi Louis-Philippe.

Ils espèrent donc qu'ils n'auront pas fait vainement appel à la justice et à la loyauté du Prince Président de la République.

Paris, le 26 Janvier 1852.

Signé : DUPIN.
LAPLAGNE-BARRIS.
Duc de MONTMORENCY.
Comte de MONTALIVET.
SCRIBE.

CONSULTATION.

Les Conseils soussignés,

Vu le mémoire à consulter ci-contre, présenté au nom de la famille d'Orléans par M. Bocher, son mandataire;

Vu les décrets du 22 janvier 1852, insérés au *Moniteur* et au *Bulletin des lois,* affichés et publiés;

Vu la Réclamation contre ces décrets, adressée le 26 janvier à M. le Président de la République par MM. Dupin, Laplagne-Barris, le duc de Montmorency, le comte de Montalivet, et Scribe, exécuteurs testamentaires du feu Roi Louis-Philippe;

Consultés sur le caractère légal et la portée du second de ces décrets, ainsi que sur la juridiction à laquelle doit être déférée la question de propriété qu'il soulève;

Sont d'avis :

1° Que, lorsque les décrets du 22 janvier ont été rendus, les Princes de la Maison d'Orléans étaient propriétaires incommutables des biens qui forment l'objet du second de ces décrets ;

2° Que ce décret n'a pu enlever à la famille d'Orléans la propriété des biens dont il s'agit ;

3° Que ce même décret ne forme pas obstacle à ce que la question de propriété entre l'Etat et la famille d'Orléans, et toutes les contestations accessoires qui peuvent s'y rattacher, soient portées devant les tribunaux.

Ces trois propositions vont être successivement justifiées.

§ Ier.

Lorsque les décrets du 22 janvier ont été rendus, les Princes de la Maison d'Orléans étaient propriétaires incommutables des biens qui forment l'objet du second de ces décrets.

Les biens auxquels s'applique le second décret du 22 janvier dernier appartenaient, à titre purement patrimonial, à Louis-Philippe duc d'Orléans. Aucun de ces biens n'avait une origine domaniale ni apanagère ;

c'est un point constant et que le décret ne révoque aucunement en doute.

L'unique motif de ce décret est que les biens dont il s'agit se seraient trouvés réunis au domaine de l'Etat par l'avènement de Louis-Philippe à la Couronne.

Si ce motif est erroné, le décret manque absolument de base : les biens sont restés sous l'empire du droit commun ; ils ont été transmis patrimonialement par le père aux enfants ; ils sont protégés par la force invincible du principe de l'inviolabilité de la propriété, qui a trouvé sa consécration dans toutes les Constitutions, sans en excepter celle du 14 janvier 1852. (Voir l'article 26, n° 1er, de cette Constitution.)

Or, trois raisons, également décisives, repoussent l'idée de la réunion de ces biens au domaine de l'État.

PREMIÈRE RAISON.

Les lois de l'ancienne Monarchie, aux termes desquelles les biens particuliers du Prince qui parvenait au trône étaient, de plein droit et à l'instant même, réunis au domaine de l'État, n'étaient pas applicables à la Royauté établie en 1830.

Les lois qui ordonnaient cette réunion, et notamment l'édit de 1607, étaient fondées sur l'essence même de la Monarchie traditionnelle.

Il y avait une famille auguste qui se trouvait identifiée avec l'État, qui avait participé à toutes les grandeurs et à toutes les gloires de la France, et qui, par des réunions successives de provinces et de fiefs, avait rétabli l'unité nationale détruite sous les faibles successeurs de Charlemagne. Ses devoirs étaient d'accord avec ses droits. Le sceptre était assuré à perpétuité à l'aîné de cette famille, et, réciproquement, cet aîné appartenait au pays; il se *consacrait* et se *dédiait* à lui, comme le dit Henri IV dans l'édit de 1607 (1). Il ne devait donc conserver rien en propre, car il ne pouvait avoir d'intérêts distincts de ceux de l'État; et d'ailleurs, à quoi lui auraient servi des biens propres? Est-ce que la fortune publique n'était pas là pour pourvoir à ses dépenses privées, aussi bien qu'à l'éclat de sa haute situation?

Est-ce que l'avenir de ses enfants n'était pas assuré? Et le nom *d'enfants de France* qu'on leur donnait, n'exprimait-il pas la condition toute spéciale dans laquelle ils se trouvaient placés?

Après la mort du Roi, son successeur le remplaçait

« (1) Par cette loi (dit Merlin), Henri IV reconnait que *les* « *Rois ses prédécesseurs se sont dédiés et consacrés au public,* « *duquel ne voulant avoir rien de distinct et séparé, ils ont* « *contracté avec leur couronne une espèce de mariage saint et* « *politique,* par lequel ils l'ont dotée de toutes les seigneuries « qui, à titre particulier, pouvaient leur appartenir; en sorte « que, s'il y a eu des réunions expresses, elles ont plutôt dé- « claré le droit commun, que rien déclaré de nouveau en fa- « veur du royaume. »

sans intervalle et sans condition. Il y avait changement de personne, mais perpétuité de pouvoir; et cette chaîne, qui n'avait jamais été interrompue dans le passé, s'offrait à l'imagination avec le même caractère de continuité dans l'avenir.

Cette union du royaume et de la race royale, que l'édit de 1607 avait encore qualifiée de *mariage saint et politique*, devait nécessairement entraîner l'incorporation au domaine de la Couronne des biens privés du Prince qui montait sur le trône.

Toutes ces raisons sont parfaitement déduites par Lefebvre de La Planche... « La personne privée (dit-il) « ne peut plus exercer de droit de possession ni de « propriété; elle est entrée dans un nouvel être dans le-« quel elle se confond ; et elle y est entrée telle qu'elle « était avec tous ses droits. Le Prince se donne lui-« même sans réserve et *pour l'éternité; il n'a nulle « inquiétude à avoir pour l'avenir; sa postérité « est celle de l'Etat; ses enfants sont les enfants « de la France.* »

Sous la Monarchie du droit traditionnel, rien n'était plus équitable et plus logique que ces maximes.

Maintenant supposez, au contraire, une dynastie nouvelle, s'établissant après une révolution et en vertu d'un pacte ou d'une élection qui n'emprunte rien à la loi de l'ancienne Monarchie, est-ce qu'il sera possible de lui appliquer les mêmes règles, et de dire que son patrimoine privé se trouve, de plein droit, fondu dans celui de l'Etat ?

Il est manifeste que non.

Aucun des motifs ci-dessus exposés ne saurait militer en faveur d'un tel système.

Sous le régime de la Monarchie traditionnelle, l'héritier présomptif, à qui la Couronne était assurée, devait à son tour au pays sa personne et ses biens ; il y avait un lien réciproque établi d'avance, et c'était en vertu de ce lien, formé par la loi fondamentale du pays, et fortifié par la puissance des souvenirs historiques, que tout ce qui appartenait au Prince au jour de son avènement était, de plein droit, réuni au domaine de l'Etat.

Mais, lorsqu'une dynastie nouvelle vient occuper le trône, ce ne sont pas les principes antérieurs sur l'hérédité qui sont la source de son pouvoir; loin de là: le sceptre n'est remis entre ses mains que contrairement à ces principes. Comment donc serait-elle soumise à une obligation qui n'est que la conséquence de ces mêmes principes ? Au lieu d'invoquer le droit traditionnel, elle le répudie; on ne saurait donc non plus l'invoquer contre elle; et, comme l'ancienne règle qui consacrait la réunion des biens du Monarque au domaine de l'Etat dérivait de ce droit traditionnel, le chef de la nouvelle dynastie échappe nécessairement à l'empire de cette règle.

« La personne du Roi (disait Gilbert, inspecteur « général du domaine de la Couronne) est tellement « *consacrée* à l'Etat, qu'elle s'identifie en quelque « sorte avec l'Etat même ; et comme tout ce qui appar- « tient à l'Etat est réputé appartenir au Roi, tout ce « qui appartient au Roi est réciproquement censé ap- « partenir à l'Etat. »

M. Dalloz remarque avec raison que cette maxime devait disparaître sous un ordre de choses qui n'avait plus pour base unique le principe monarchique.

Si nous examinons la législation qui a précédé la révolution de 1830, la doctrine que nous venons d'exposer va se trouver confirmée par les faits, c'est-à-dire par les phases diverses de cette législation.

Les décrets de l'Assemblée Constituante de 1789 avaient limité le pouvoir de Louis XVI ; mais ils n'en avaient pas changé l'origine : c'était toujours comme aîné de la famille de Hugues Capet qu'il occupait le trône. Aussi l'article 6 de la loi du 22 novembre 1790 avait-il reproduit la règle tracée par l'édit de 1607. Cet article veut que.... les biens particuliers *du Prince qui parvient au trône soient, de plein droit et à l'instant même, unis au domaine de la nation, et que cette union soit perpétuelle et irrévocable.*

Cet article prescrivait aussi la réunion au domaine national des *biens* que le *Roi acquerrait* pendant son règne, à quelque titre que ce fût. Cette disposition était conforme aux anciennes traditions de la Monarchie; car tout le monde connaît la réponse du procureur général de Harlay à Louis XIV :

« Sire, tout ce que vous acquérez en votre nom appartient à la Couronne. »

L'article 7 exceptait, toutefois, les *acquisitions faites par le Roi, à titre particulier*. Elles étaient, pendant son règne, à sa disposition; ce temps passé, elles se réunissaient au domaine public. C'était une innovation dont nous indiquerons ci-après le motif.

Bientôt, la République remplaça la Monarchie; mais en 1804 le régime monarchique reparut : l'Empire fut fondé. Quel système adopta-t-il relativement au domaine de la Couronne et aux biens particuliers du Prince? Se conforma-t-il à ce que le décret du 22 janvier dernier appelle *l'ancien droit public de la France* en cette matière?

Nullement; et la raison en est simple : il ne s'appuyait pas sur le passé; c'était en lui-même, ou, si l'on veut, dans les votes du peuple qu'il trouvait sa consécration.

Le sénatus-consulte organique du 28 floréal an XII s'était borné à déclarer que la Liste civile resterait réglée ainsi qu'elle l'avait été par les articles 1er et 4 de la loi du 26 mai 1791, c'est-à-dire que l'Empereur devait, comme Louis XVI, avoir une Liste civile de 25 millions, et la jouissance des maisons, parcs et domaines énoncés dans cette loi du 26 mai 1791. Il avait ajouté que l'Empereur aurait des palais impériaux aux quatre points principaux de l'empire (art. 15 et 16 du sénatus-consulte de l'an XII). Mais rien n'avait été décidé relativement au système domanial. Le sénatus-consulte du 30 janvier 1810 y pourvut par des dispositions très-étendues (il n'a pas moins de 90 articles). Tout fut réglé par ce sénatus-consulte, relativement à l'Empereur régnant, à ses successeurs, aux Princes de sa famille, au domaine de la Couronne, aux apanages et aux douaires des Impératrices.

Y trouve-t-on une disposition semblable à celle de l'ordonnance de 1607 et de la loi du 22 novembre 1790 ? Y est-il dit que les biens qui appartiendront à l'Empereur, lors de son avènement au trône, seront, de plein droit et à l'instant même, réunis au domaine de la Couronne ? Non ; cette règle, que le décret du 22 janvier dernier qualifie de *règle fondamentale de la Monarchie*, ne figure pas dans le sénatus-consulte de 1810, et elle ne devait pas y figurer ; car la Monarchie impériale n'avait rien de commun avec l'antique Monarchie des Rois de la troisième race, et ce qui était conforme à la nature de celle-ci aurait été contraire à la nature de celle-là.

Le sénatus-consulte de 1810 distingue trois sortes de domaine.

La première comprend les biens, meubles et immeubles qui forment la dotation de la Couronne, et qui sont inaliénables et imprescriptibles.

La seconde est le domaine extraordinaire, qui se compose des biens provenant de conquêtes.

Enfin, la troisième est le domaine privé.

« L'Empereur (porte l'article 31 du sénatus-con-
« sulte) a un domaine privé, provenant, soit de dona-
« tions, soit d'acquisitions; le tout conformément aux
« règles du droit civil. »

Les biens appartenant à l'Empereur au moment de son avènement à la couronne faisaient évidemment partie du domaine privé.

« Les biens immeubles et droits incorporels
« du domaine privé de l'Empereur (porte l'art.
« 48) ne seront, en aucun temps et sous aucun
« prétexte, réunis de plein droit au domaine
« de l'État; la réunion ne peut s'opérer que
« par un sénatus-consulte. »

L'Empereur pouvait disposer de son domaine, soit par acte entre vifs, soit par testament, sans être lié par aucune des dispositions du Code civil (art. 35).

S'il mourait *ab intestat*, les droits de ses héritiers aux biens du domaine privé étaient réglés par les articles 43, 44, 45, 46 et 47; et ce qu'il y avait de remarquable, c'est que, s'il ne laissait que des princesses, le parent en ligne collatérale qui lui succédait comme

Empereur avait droit à une part d'enfant (art. 46). Ainsi, les institutions impériales, bien loin d'enlever au monarque appelé au trône les biens qu'il possédait lors de son avènement, pour les réunir au domaine de l'État, ajoutaient au contraire à son patrimoine privé, en lui conférant un droit anormal d'hérédité dans le domaine privé de son prédécesseur, lorsqu'il n'était pas le descendant en ligne directe de celui-ci.

C'était exactement le contre-pied des règles de l'ancienne Monarchie et la négation absolue de cette maxime de l'édit de 1607, que le monarque ne devait avoir *rien de distinct et de séparé.*

Les faits ont été parfaitement d'accord avec le droit. L'Empereur Napoléon possédait des biens au moment de son avènement au trône : il avait entre autres le domaine de La Malmaison; ce domaine ne devait pas être et n'a pas été réuni au domaine de l'État.

Les observations qui précèdent ont d'autant plus d'importance, que les institutions et les actes de l'époque impériale sont aujourd'hui, en beaucoup de points, présentés comme modèles.

En 1814, la Restauration vient *renouer la chaîne des temps*, comme le porte le préambule de la Charte de Louis XVIII; ce monarque s'asseoit sur le trône de ses pères, en vertu du droit traditionnel; et, par une conséquence invincible, l'ancienne maxime sur le droit de la réunion à la Couronne des biens privés du monarque, doit reprendre son autorité immémoriale : aussi se trouve-t-elle consacrée par l'article 20 de la loi du 8 novembre 1814, ainsi conçu :

« Les biens particuliers du Prince qui parvient au « trône sont, de plein droit et à l'instant même, réunis « au domaine de l'État, et l'effet de cette réunion est « perpétuel et irrévocable. »

Ainsi, en ce qui concerne les biens appartenant au monarque au moment de son avènement au trône, les termes de la loi sur la Liste civile et la dotation de la Couronne étaient exactement semblables à ceux de la loi du 22 novembre 1790.

Ils ne différaient même que très-peu de cette loi de 1790, quant aux biens que le Roi pouvait acquérir pendant son règne; ces biens, qualifiés *domaine privé*, n'étaient pas, de plein droit, réunis au domaine de l'État; ils ne l'étaient qu'autant que le Roi n'en avait pas disposé, soit entre vifs, soit par testament. Dans ces dispositions, le Roi n'était pas lié par les règles du Code civil. C'était en ce dernier point que consistait la dérogation à la loi de 1790. S'il mourait sans avoir disposé, la réunion au domaine de l'État s'opérait immédiatement. Ainsi il n'y avait aucun changement au droit de l'ancienne Monarchie, à l'égard des biens que le Roi possédait au moment de son avènement au trône; il n'y en avait que relativement aux biens acquis depuis cet avènement, et déjà le changement sur ce dernier point existait en grande partie dans la loi de 1790.

Ce changement s'explique facilement. Sous l'ancien régime, il n'y avait pas de Liste civile ; le trésor royal subvenait indistinctement aux dépenses de l'État et aux dépenses personnelles du Roi. Le Roi ne pouvait acheter qu'en puisant dans le Trésor ; et, par conséquent, toute acquisition par lui faite l'était au moyen de deniers publics. La Charte de 1814 ayant décidé, comme la Constitution de 1791, que le Roi aurait une Liste civile (art. 23), il pouvait employer à des acquisitions les économies faites sur cette Liste civile, et par conséquent avoir un domaine privé.

Le système de la Restauration différait donc d'une manière notable de celui de l'Empire. Il en différait essentiellement, quant aux biens existants au moment de l'avènement du monarque, dont il prescrivait, conformément aux anciennes lois de la Monarchie, la réunion immédiate et de plein droit au domaine de l'État, ce que le système de l'Empire n'avait pas fait. Il en différait, à certains égards, quant aux biens acquis depuis l'avènement du Roi, puisque, d'une part, il n'admettait pas de succession *ab intestat* à ces biens, comme l'avait fait le sénatus-consulte de 1810, et que, d'autre part, il ordonnait la réunion de ces biens au domaine de l'État, dans le cas où le Roi n'en disposerait pas, tandis que le sénatus-consulte portait que la réunion ne pourrait avoir lieu que de l'autorité du sénat.

Tel était l'état des choses au moment de la révolution de 1830.

Louis-Philippe, duc d'Orléans, appelé au trône par les actes politiques du mois d'août, avait deux sortes de biens :

Des biens d'apanage,

Et des biens qui lui appartenaient à titre purement privé.

Les biens d'apanage ont été réunis au domaine de l'État par son avènement. Cette réunion s'est opérée immédiatement ; tout est consommé à cet égard ; Louis-Philippe n'a conservé aucun des objets qu'il possédait à titre d'apanage ; c'est un point incontestable et incontesté.

Mais, quant aux biens privés, la réunion au domaine de l'État pouvait-elle résulter de l'acceptation par lui de la Couronne qui lui était offerte ?

C'est là que réside la question ; car, nous ne saurions trop le répéter, le décret du 22 janvier ne statue que sur des biens de cette dernière espèce.

Deux systèmes opposés se trouvaient en présence.

L'un avait existé sous l'Empire, parce qu'il était conforme à la nature d'une Monarchie nouvelle.

L'autre avait existé sous la Restauration, parce qu'il était la reproduction du droit séculaire de l'ancienne

Monarchie, et que ce droit, modifié dans le sens d'une sage liberté par la Charte de 1814, quant aux garanties des citoyens et aux formes du Gouvernement du Roi, ne l'avait été en aucune manière relativement aux règles de la succession au trône, et avait, au contraire, reçu à cet égard la plus solennelle consécration.

De ces deux systèmes, quel était celui qui s'adaptait à l'ordre de choses établi au mois d'août 1830 ?

Le premier évidemment, puisque la Maison d'Orléans arrivait à la Couronne comme dynastie nouvelle, et avec une solution de continuité manifeste entre le passé et l'avenir.

Ainsi, faisons abstraction pour un moment de la donation du 7 août, dont nous nous occuperons plus tard; raisonnons hypothétiquement, comme si cette donation ne fût pas intervenue. Les biens possédés à titre purement patrimonial par Louis-Philippe, et qui sont les seuls dont il s'agit aujourd'hui, n'auraient pas été réunis au domaine de l'État; ils seraient restés sa propriété personnelle, car on n'aurait pu appliquer, ni l'édit de 1607, ni la loi du 22 novembre 1790, ni celle du 8 novembre 1814, monuments et conséquences du droit traditionnel que la révolution de 1830 venait de briser.

Dans l'hypothèse de la non-existence de la donation du 7 août, les Princes d'Orléans n'en seraient pas moins propriétaires; seulement, au lieu de l'être devenus en 1830, comme donataires, ils le seraient devenus au moment du décès de leur père, comme légataires ou héritiers.

La loi du 2 mars 1832 sur la Liste civile du nouveau règne a reconnu et consacré cette doctrine; nous disons avec intention *reconnu* et *consacré*, car elle ne l'a pas créée; elle lui a seulement imprimé le sceau de son autorité, comme le législateur le fait quelquefois à l'égard d'un droit préexistant qu'il déclare, et auquel il rend hommage.

« Le Roi (porte l'art. 22 de cette loi) *conservera la* « *propriété des biens qui lui appartenaient avant* « *son avènement au trône;* ces biens et ceux qu'il « acquerra à titre onéreux pendant son règne composeront son domaine privé. »

L'article 23 ajoute que « le Roi peut disposer de « son domaine privé, soit par actes entre-vifs, soit par « testament, sans être assujetti aux règles du droit civil « qui limitent la quotité disponible. »

Si les principes et les faits qui précèdent avaient été mieux connus des conseillers qui ont proposé au chef de l'Etat le décret du 22 janvier, ils n'auraient pas inséré dans ce décret des expressions qui contiennent un blâme contre le législateur de 1832.

« Considérant (porte ce décret) que les biens compris « dans la donation du 7 août *se trouvant irrévoca-* « *blement incorporés au domaine de l'Etat,* n'ont

« pu en être distraits par les dispositions de l'article 22 « de la loi du 2 mars 1832; que ce serait, contraire- « ment à tous les principes, attribuer un *effet rétro-* « *actif* à cette loi, que de lui faire valider un acte radi- « calement nul *d'après la législation existante* à « l'époque où cet acte a été consommé; que d'ailleurs « cette loi, *dictée dans un intérêt privé par les en-* « *traînements d'une politique de circonstance*, ne « saurait prévaloir contre les droits permanents de l'E- « tat et les *règles immuables du droit public*. »

Non, il n'y avait pas de *législation existante* en vertu de laquelle la réunion dût s'opérer de plein droit; car cette législation était propre à la Monarchie traditionnelle, et étrangère à la Monarchie de 1830.

Il n'y avait pas, sur ce point, de *règles immuables de droit public;* car celles que l'Empire avait adoptées étaient totalement différentes des maximes et des dispositions de l'ancien *droit public* français; elles s'en éloignaient encore plus que ne l'a fait la loi de 1832; personne ne s'en est jamais plaint; et certainement ce ne sera pas au nom du neveu de l'Empereur qu'on donnera le signal d'une critique à ce sujet.

Enfin, les Chambres de 1832 n'ont pas mérité le reproche d'avoir cédé aux *entraînements d'une politique de circonstance*, et d'y avoir sacrifié les *droits permanents de l'Etat;* car la loi de 1832 est conforme à l'essence même du Gouvernement établi en

1830; et il importe de remarquer que l'article 22 fut adopté sur la proposition d'un Député de l'opposition, M. Eusèbe Salverte, qui voyait dans cette disposition un moyen de mieux caractériser la révolution de juillet et de la séparer plus nettement du régime antérieur. Il faut ajouter que jamais, dans les Chambres, où le langage de l'opposition a été quelque fois si vif, il ne s'est élevé aucune expression de blâme ni même de regret à l'égard de cette disposition ni à l'égard de l'acte du 7 août.

La propriété de la Maison d'Orléans et l'existence de cette propriété, à l'époque de 1832, ont donc été reconnues par la loi sur la Liste civile, et cette reconnaissance emporte invinciblement la négation de la prétendue réunion qui se serait effectuée en 1830.

Les lois qui ne contiennent que des règles générales et abstraites peuvent toujours être abrogées; et, quand leur abrogation a lieu, elles perdent toute autorité à partir de l'abrogation.

Mais il en est autrement de celles qui ont reconnu le droit d'une personne, soit que ce droit consiste dans la propriété d'un objet, soit qu'il dérive d'un contrat. La loi devient alors irréfragable; elle participe à l'inviolabilité de la propriété et des conventions. Son abrogation est d'autant plus impossible, qu'elle serait nécessairement entachée d'*effet rétroactif*, puisqu'elle porterait atteinte à des droits acquis et proclamés. Or, qu'est-ce que le décret du 22 janvier, si ce n'est l'abrogation des articles 21 et 22 de la loi de 1832, puisque ces articles portent que le Roi Louis-Philippe *conservera les biens qui lui appartenaient avant son avènement au trône*, tandis que le décret décide que ces biens ont été réunis au domaine de l'État à l'époque du mois d'août 1830? Les rédacteurs du décret se sont avec raison montrés ennemis de tout *effet rétroactif*; mais, à leur insu, ils sont tombés dans l'erreur même qu'ils ont si injustement reprochée au législateur de 1832.

Les articles 22 et 23 de la loi 1832 ne sont pas un hors-d'œuvre dans cette loi ; ils ont un rapport direct avec son objet, et sont inséparables de ses autres dispositions. En effet :

1° Il s'agissait de fixer le chiffre de la Liste civile du Roi. Quel devait être ce chiffre? Il était nécessairement subordonné à la question de savoir si le Roi avait ou non des propriétés privées. Les Chambres ont donc dû examiner cette question, en formuler la solution dans la loi, et prendre en considération le revenu du domaine privé, pour déterminer le montant annuel de la Liste civile.

2° La loi de 1832, après avoir accordé au Prince royal une somme annuelle d'un million, a disposé en ces termes, relativement aux fils puînés du Roi et aux princesses ses filles :

« *En cas d'insuffisance du domaine privé*, les « dotations des fils puînés du Roi et des princesses ses « filles seront réglées ultérieurement par des lois spé- « ciales (art. 20). »

Il est évident que, si la famille d'Orléans n'avait pas conservé la propriété de son *domaine privé*, et que ce domaine eût été réuni au domaine de l'État, comme le suppose le décret du 22 janvier, il aurait été nécessaire d'accorder des dotations aux fils puînés. Aussi, plus tard, quand ces dotations ont été demandées, les a-t-on combattues et repoussées en prenant pour base la règle tracée par l'article 20 de la loi de 1832, et en disant que le *domaine privé* était *suffisant* pour soutenir la dignité des Princes. Ainsi, non-seulement la reconnaissance des droits de la famille d'Orléans sur le domaine privé a été juste et conforme aux principes fondamentaux du régime de 1830, mais encore elle a été utile à l'État, qui s'en est prévalu pour limiter ses obligations.

Les articles 20 et 22 font donc partie intégrante et nécessaire du système de la loi de 1832; s'ils n'existaient pas, ce système serait incomplet. Et par conséquent la propriété du domaine privé a été marquée par cette loi d'un cachet d'inviolabilité qu'il n'appartient à personne de briser.

La loi de 1832 était une loi contractuelle; elle réglait les droits respectifs du Roi et de l'État; à côté de certains avantages, elle stipulait des charges et des obligations onéreuses; le tout était coordonné, et ce n'est pas après vingt ans d'exécution qu'il est possible d'en anéantir les effets.

SECONDE RAISON.

Jusqu'ici, nous avons fait abstraction de la donation du 7 août; et il résulte de ce qui précède, que, lors même que cette donation n'aurait pas existé, la réunion des biens du Roi Louis-Philippe au domaine de l'État ne se serait pas opérée.

Cette démonstration écarte sans retour les appréciations morales qu'on lit avec douleur dans le décret du 22 janvier.

L'acte du 7 août aurait *soulevé la conscience publique.....* En se réservant l'usufruit des biens compris dans la donation, Louis-Philippe ne se dépouillait de rien, et voulait seulement *assurer à sa famille un patrimoine devenu celui de l'État. « La fraude à une loi d'ordre public n'existe pas moins lorsqu'elle est concertée en vue d'un fait certain qui doit immédiatement se réaliser.* »

La *fraude*, où est-elle? Comment pourrait-elle exister, puisque l'acte du 7 août n'était pas nécessaire pour empêcher la réunion, qui n'aurait eu lieu dans aucun cas? Le sentiment de la justice joint à celui du respect pour la tombe, n'aurait-il pas dû détourner les rédacteurs du décret, de le présenter dans de pareils termes à la signature du chef du Gouvernement?

Mais, maintenant, plaçons-nous dans une supposition tout-à-fait gratuite : admettons pour un moment que l'édit de 1607, la loi de 1790 et celle de 1814 eussent été applicables; que la donation du 7 août eût été une précaution ; que cette précaution n'eût pas été superflue ; qu'elle eût eu pour effet, en même temps que pour but, de préserver la fortune personnelle de Louis-Philippe de cette application : où serait alors la fraude, et où trouverait-on la cause de nullité de cette donation ? Il nous est impossible de le concevoir.

Sous l'ancienne Monarchie, par la force du droit héréditaire, et selon l'adage *le Roi est mort, vive le Roi*, le caractère royal s'imprimait immédiatement sur la personne du successeur du Monarque décédé ou abdiquant, et les biens de ce successeur se trouvaient au même instant acquis à l'État. Tout ce que le nouveau Roi aurait essayé de faire après son avènement, pour soustraire ses biens à la réunion, aurait été blâmable, et surtout entièrement inefficace. Il n'avait pas d'ailleurs à se plaindre : héritier présomptif de la Couronne, il avait d'avance connu sa haute destinée ; il avait donc pu et dû diriger ses affaires privées, de manière à assurer le sort de ses fils puînés et de ses filles.

Mais telle n'était pas la situation du Roi Louis-Philippe.

A la suite d'une révolution violente et imprévue, le trône, auquel sa naissance ne l'appelait pas, lui était subitement offert par la résolution de la Chambre des Députés du 7 août 1830, *moyennant l'acceptation des dispositions et propositions* contenues dans cette résolution. S'il acceptait, ses biens apanagers étaient nécessairement réunis au domaine de l'État ; et c'est ce qui a eu lieu. Mais, père de huit enfants, devait-il exposer le patrimoine entier de sa famille à des chances dont les évènements de 1848 ont fait connaître la réalité ?

Les conditions posées dans la résolution du 7 août n'ayant aucun rapport direct ni indirect avec sa fortune privée, ne pouvait-il pas, en toute loyauté, n'accepter la couronne qu'après avoir transmis à ses enfants la propriété de cette fortune ?

Quel tort faisait-il à l'État ? Aucun ; car l'État n'avait jamais pu compter sur cette fortune ; il n'avait pu y compter, ni d'après le droit héréditaire, qui n'appelait pas le duc d'Orléans à la royauté, ni d'après la résolution du 7 août, puisqu'elle était tout-à-fait étrangère aux biens. Louis-Philippe avait donc, à tous les points de vue, sous le rapport moral comme sous le rapport légal, la pleine liberté de ne formuler son *acceptation* qu'après avoir disposé en faveur de ses enfants des biens qu'il possédait à titre privé, et non apanager.

C'est ce qui a eu lieu, et il n'est arrivé au trône que dans cette situation.

Supposons qu'il ne l'eût pas fait, et supposons, en outre, que la législation de 1607, de 1790 et de 1814 eût été applicable à ses biens, l'État en serait aujourd'hui propriétaire ; mais cette propriété ne serait-elle pas un de ces droits qui blessent l'équité, et qui révoltent la conscience ?

Quoi ! ces biens n'auraient été dévolus à l'État qu'en conséquence et en considération de la création d'une royauté établie à *perpétuité* en faveur de Louis-Philippe et de ses *descendants* de *mâle* en *mâle par ordre de primogéniture* (1) ; et la France, après avoir brisé cette royauté, du vivant même de Louis-Philippe, retiendrait ces mêmes biens, sans respect pour sa propre dignité, et pour l'esprit du pacte en vertu duquel ils lui auraient été transmis ! Elle aurait détruit la cause de la réunion, et elle en conserverait le bénéfice ! Puisqu'il faut reconnaître qu'un tel résultat choquerait toutes les notions de l'équité, comment peut-on soutenir que la donation du 7 août, qui met obstacle à ce qu'il ait lieu (toujours dans l'hypothèse de l'application possible de l'ancien droit sur la réunion), a été contraire au devoir et à la délicatesse ?

Rien n'empêchait donc Louis-Philippe de se dessaisir,

---

(1) Résolution du 7 août.

par cette donation, de la propriété de ses biens en faveur de ses enfants. Elle doit produire tous ses effets légaux. Elle a, comme le porte l'article 894 du Code civil, *dépouillé actuellement et irrévocablement* le donateur de la *chose donnée.*

Ainsi, au moyen de la donation du 7 août, Louis-Philippe n'était plus propriétaire de ses biens non apanagers, lorsque, le 9 du même mois, il est devenu Roi, par l'effet de son acceptation. Il suit de là que, quand même l'édit de 1607, et les lois de 1790 et de 1814 seraient applicables (ce que nous contestons) à cette royauté qu'on a nommée *contractuelle*, les biens de Louis-Philippe n'auraient pas été réunis au domaine de l'État, puisqu'ils avaient cessé d'appartenir au nouveau Roi deux jours avant son avènement au trône.

Les rédacteurs du décret du 23 janvier répondent que, *par suite de son acceptation, Louis-Philippe était roi dès le 7 août.*

C'est là une erreur manifeste. Louis-Philippe ne pouvait, aux termes de la résolution du 7 août, devenir roi que *moyennant l'acceptation* des *propositions* et *dispositions contenues dans cette résolution.* Or, il n'a accepté que le 9; la royauté ne date donc que de ce jour-là; en sorte que la donation étant consommée avant son avènement au trône, les biens compris dans cette donation n'auraient pas été atteints par la dévolution, même sous le régime de la Monarchie traditionnelle.

Il suffit d'ailleurs, pour s'en convaincre, de lire le *procès-verbal* de la séance du 9 août. Il porte en tête que..... « MM. les Pairs et MM. les Députés, s'étant « réunis au Palais de la Chambre des Députés, sur « la convocation de *Monseigneur Louis-Philippe* « *d'Orléans, duc d'Orléans, lieutenant général* « *du Royaume,* » etc.

Le *duc d'Orléans* n'était donc pas encore roi.

Puis, le procès-verbal constate que le Prince a lu *l'acceptation sans restriction ni réserve des clauses et engagements que renferme la déclaration du 7 août, et le titre de Roi qu'elle lui a conféré.*

Après cette déclaration, M. le duc d'Orléans n'est encore qualifié que d'*Altesse Royale*, parce qu'il lui reste à prêter serment.

Mais, immédiatement après la prestation du serment, le procès-verbal porte que « *Sa Majesté Louis-Phi-* « *lippe Ier, Roi des Français,* s'est placé sur le « trône, etc. »

Le moment où l'existence de la royauté a commencé est donc parfaitement précisé; ainsi, Louis-Philippe n'était encore que *duc d'Orléans* lorsqu'il a fait la donation du 7 août; et, au moment de son avènement à la Couronne, il n'était plus propriétaire des biens dont il s'agit.

La loi du 2 mars 1832 a si bien reconnu que la royauté ne datait que du 9 août, qu'elle contient une disposition transitoire ainsi conçue : « La présente Liste civile aura son effet à *partir du 9 août* 1830. » On ne contestera certainement pas en 1852, au législateur de 1830 et 1832, le droit de déterminer le jour précis auquel devait commencer la royauté qu'il venait lui-même de fonder.

Les jurisconsultes qui ont proposé à M. le Président de la République le décret du 22 janvier, ont confondu la condition apposée à un contrat consenti par toutes les parties, avec l'acceptation d'un contrat par l'une des parties.

Lorsqu'un contrat parfait par le consentement de toutes les parties est subordonné à une condition, et que cette condition vient à s'accomplir plus tard, elle a un effet *rétroactif au jour auquel l'engagement a été contracté* (1).

Mais lorsqu'un contrat proposé par l'une des parties n'est accepté que plus tard par l'autre partie, *l'engagement* et les droits qui en résultent ne datent que du jour de l'acceptation ; jusque là, il n'existait aucun lien, il n'y avait pas de convention, mais un simple projet de convention.

Ces principes, élémentaires en droit privé, s'ap-

---

(1) C. c., art. 1179.

pliquent au droit public toutes les fois qu'on procède par la voie conventionnelle; ainsi, de même qu'elles régissent les traités diplomatiques, de même elles doivent régir les pouvoirs de l'État lorsqu'ils ont un caractère contractuel.

Aussi les rédacteurs du décret, comprenant la faiblesse de leur argumentation, ont-ils essayé de recourir à cette imputation de *fraude* que nous avons si complètement réfutée, et sur laquelle il serait aussi pénible que superflu de revenir. Cette idée une fois écartée, la transmission de propriété résultant de la donation du 7 août est inattaquable, même dans la supposition, inadmissible selon nous, que les anciens principes établis pour les *rois de France* pussent être applicables au *roi des Français*.

La question fût-elle régie par l'édit de 1607, la loi de 1790 et la loi de 1814, au lieu de l'être par le principe que les articles 22 et 23 de la loi de 1832 ont reconnu et consacré, la donation du 7 août n'en conserverait pas moins sa force et son intégrité ; et cette donation formerait un obstacle invincible au système de la dévolution ; car l'État n'aurait pu, le 9 août, recevoir du Roi des biens dont celui-ci s'était dépouillé deux jours auparavant.

TROISIÈME RAISON.

Nous n'avons encore considéré les choses qu'à leur

origine, et nous avons démontré que, dès l'époque de 1830 et de 1832, le droit de propriété de la Maison d'Orléans sur son domaine privé était incontestable.

Mais supposons qu'il pût rester quelques doutes à cet égard, ils auraient été levés par des actes subséquents dont l'autorité ne saurait être récusée.

La révolution de 1848 s'était accomplie ; les Princes d'Orléans ne pouvaient attendre des nouveaux pouvoirs ni faveur ni sympathie; mais ils pouvaient en attendre une justice impartiale, et ils l'ont obtenue.

Le Gouvernement provisoire s'est borné à mettre sous le séquestre les biens du domaine privé. Cette mesure était expliquée par les motifs suivants :

« Considérant que les biens du domaine privé de « l'ex-roi doivent être la garantie des créanciers de « l'ancienne Liste civile.

« Considérant que l'Assemblée Nationale sera ap- « pelée à décider les questions relatives aux biens « privés de la famille royale. » (Décret du 26 février.)

M. Garnier-Pagès, dans un rapport du 9 mars, après avoir déclaré que les biens de l'ancienne Liste civile avaient fait retour au domaine de l'Etat, ajoutait ces paroles remarquables : « Il est bien entendu que *le « domaine privé n'est point compris dans cette « mesure*, et qu'il *reste provisoirement sous le sé- « questre* à la disposition de l'Assemblée Nationale »

On voit que le Gouvernement provisoire avait le sentiment du droit de propriété de la Maison d'Orléans, et qu'il ne croyait pas à la réunion des biens particuliers de cette Maison au domaine de l'Etat.

Cependant l'Assemblée Nationale se réunit, et M. Jules Favre, usant de son droit d'initiative, lui soumet une proposition ayant pour objet de faire décider que « les « biens meubles et immeubles composant le domaine « privé de l'ex-Roi Louis-Philippe sont acquis au do- « maine de l'Etat. »

Les motifs à l'appui de cette proposition étaient précisément ceux sur lesquels repose le décret du 22 janvier.

M. Jules Favre disait que « la donation du 7 août « 1830 devait être considérée comme nulle et entachée « de fraude ; que, purement fictif, cet acte n'avait eu « pour but que d'empêcher la réunion légale des biens « de M. le duc d'Orléans au domaine de la Couronne, « conformément aux anciens principes. »

Le comité des finances délibère sur cette proposition, et il charge M. Berryer, son rapporteur, de soumettre à l'Assemblée un projet de décret qui, en écartant la proposition de M. Jules Favre, ordonne diverses mesures provisoires relatives aux biens placés sous le séquestre. La proposition de M. Jules Favre est combattue dans ce rapport par les principes qui servent de base à la présente consultation, et on y lit notamment le passage suivant :

« Loin de rechercher dans les circonstances présentes « une occasion d'annuler un tel acte, la justice, la « bonne foi, la dignité nationale doivent l'entourer « d'un respect plus sévère. Désormais *les donataires* « *de la nue-propriété* des biens *patrimoniaux de* « *la Maison d'Orléans* n'en peuvent être dépossédés « que par *une violation manifeste du contrat :* « déclarer ces biens acquis à l'État, ce serait *consacrer* « *une atteinte violente au droit de propriété*, » etc.

M. Jules Favre ne se présente pas même pour soutenir sa proposition; elle est écartée; et le projet de la Commission sur les mesures provisoires est adopté à l'unanimité par l'Assemblée, le 25 octobre 1848. Plusieurs des dispositions de ce décret reconnaissent le droit de propriété de la Maison d'Orléans. Nous nous bornerons à citer l'article 5, ainsi conçu : « Le conseil « des Ministres fixera une provision sur les revenus « actuels *pour chacun des* PROPRIÉTAIRES. »

Ainsi, l'Assemblée de 1848, qui réunissait tous les pouvoirs de la souveraineté, a consacré une seconde fois ce droit de propriété, déjà proclamé par le législateur de 1832.

Apparemment, on ne dira pas de cette seconde loi, comme on l'a dit de la première, qu'elle est due aux *entraînements d'une politique de circonstance.* Si, en 1848, on avait suivi les entraînements de la *politique de circonstance*, au lieu de s'attacher à la justice, à la morale, au respect de la propriété et à la dignité nationale, avons-nous besoin de dire que ces *entraînements* auraient été décisifs contre une famille dont le trône venait d'être renversé, et qui avait été exclue du sol de la patrie? C'était une Assemblée républicaine qui statuait à l'égard d'une maison princière; mais cette assemblée s'éleva dans cette journée au-dessus des passions et des préjugés de parti; et ce sera pour elle un éternel honneur!

Ce n'est pas tout : la dernière Assemblée législative a marqué une troisième fois du sceau de la consécration légale, le droit de propriété des Princes de la Maison d'Orléans. Une loi du 4 février 1850 contient la disposition suivante : « A partir de cette époque (le 1er août « 1850), *le séquestre* sur les *biens du domaine « privé sera levé.* »

Et (chose bien remarquable!) qui a eu l'initiative de cette disposition? — M. Fould, alors Ministre des finances.

La Commission de l'Assemblée s'était bornée à proposer la levée du sequestre, en ce qui concernait les biens particuliers de M. le prince de Joinville et de M. le duc d'Aumale. M. Fould est venu, *au nom de M. le Président de la République, réclamer une mesure* plus *équitable* et *plus juste*, en demandant que la levée du séquestre fût étendue aux biens compris dans la donation du 7 août; et cette proposition a été adoptée.

La même loi a encore reconnu le droit de propriété de la Maison d'Orléans, en *autorisant* LES DÉBITEURS et le *liquidateur général* à *emprunter* jusqu'à concurrence de 20 millions de francs, pour achever la liquidation des dettes de l'ancienne Liste civile, et à consentir inscription avec antériorité d'hypothèque sur l'État lui-même.

En est-ce assez? Et, s'il en était autrement, combien faudrait-il de lois et d'actes du Gouvernement, pour que la reconnaissance d'un droit fût irréfragable, et pour qu'il y eût dans la société humaine quelque chose de fixe, de stable et de consommé?

Disons un dernier mot à ce sujet : à côté de cette série d'actes émanés de la puissance publique, il y a une autre série qui mérite d'être prise en sérieuse considération : c'est celle des dispositions privées ; et ces deux séries sont liées ensemble ; car les dispositions privées ont été faites sur la foi des actes de la puissance publique. Ces dispositions, dont le Mémoire à consulter contient l'énonciation consistent dans les contrats de mariage, les testaments, et enfin les actes à titre onéreux.

LES CONTRATS DE MARIAGE.

Ils renferment tous la clause suivante :

« S. A. R. apporte audit mariage tous les droits de « propriété qui lui sont acquis et lui appartiennent « en vertu de la donation paternelle à lui faite par « acte du 7 août 1830, » etc., etc.

Ainsi les familles royales ou princières avec lesquelles ont été contractées ces alliances par mariage se trouveraient frustrées. Croit-on que l'honneur de la France n'en fût pas atteint ?

A ce sujet, il ne faut pas oublier deux considérations :

La première, que l'inviolabilité des contrats de mariage des princes s'appuie à la fois sur le droit privé, comme celle des contrats de mariage des citoyens ordinaires, et sur le droit public, puisqu'ils sont passés en exécution de conventions diplomatiques.

La seconde, que, comme nous l'avons déjà dit, si les princes et princesses n'avaient pas apporté en mariage les droits incommutables que l'acte du 7 août leur conférait sur les biens du domaine privé, l'État aurait été tenu de leur constituer des dotations apanagères ou des dots. Il n'en a été dispensé que par l'existence du domaine privé. Aujourd'hui, on reprendrait, par un décret, le domaine privé, comme étant devenu la propriété de l'État par la prétendue dévolution de 1830, et on ne placerait pas les Princes dans la situation où ils auraient été, si le système de la dévolution avait prévalu en 1830 ou en 1832, puisque, dans cette hypothèse, ils auraient été dotés par l'État; c'est-à-dire qu'on aurait le bénéfice sans les charges.

Ainsi se trouveraient successivement appliqués à une même famille deux principes contraires, celui de la *séparation* et celui de la *dévolution*. Ce ne peut, cependant, être que l'un ou l'autre; car les appliquer tous les deux dans ce qu'ils ont d'onéreux, c'est vouloir une chose, non-seulement injuste, mais encore impossible.

LES TESTAMENTS.

Ceux du roi Louis-Philippe et de madame la princesse Adélaide ont été combinés de manière à éviter le morcellement des biens. Non-seulement cette harmonie serait détruite, mais encore la position des princes d'Orléans se trouverait très-inégale. Ceux qui ont reçu une part plus forte des biens de leur père, parce qu'ils en ont reçu une moins considérable des biens de leur tante, éprouveraient une lésion énorme.

LES ACTES A TITRE ONÉREUX.

Nous comprenons, sous cette dénomination, les aliénations de biens faisant partie du domaine privé, et les emprunts avec hypothèque sur les biens de ce domaine.

Toutes ces conventions ont pour base la propriété dont le décret du 22 janvier nie l'existence; et comme ce décret fait remonter le droit de l'Etat au mois d'août

1830, si l'on tirait la conséquence logique de cette décision, la position des tiers se trouverait mise en question.

Ce que nous venons de dire s'étendrait jusqu'aux pensions constituées par le feu Roi.

Comment ne pas reconnaître que tous ces droits appartenant à des tiers, et ceux de la Maison d'Orléans, se prêtent un appui réciproque?

Il y a une dernière considération que nous ne saurions omettre : elle est tirée de l'emploi que Louis-Philippe a fait de sa Liste civile et de la fortune privée de sa maison.

L'article 14 de la loi de 1832 l'autorisait à faire aux palais et domaines de la Couronne tous les changements qu'il jugerait convenable.

Il a largement usé de cette faculté ; la France le sait. Nous n'entrerons, à ce sujet, dans aucun détail ; nous ne prononcerons que deux mots : *Versailles* et *Fontainebleau;* et nous nous bornerons à ajouter que de là est résulté un déficit considérable à prélever sur la fortune privée de la famille d'Orléans.

Si Louis-Philippe s'était considéré comme dépouillé par l'application de cet ancien droit qu'on invoque contre ses enfants, est-ce que, raisonnablement, moralement, paternellement, il aurait pu agir ainsi? Est-ce qu'il n'aurait pas été amené par la force des choses à faire des épargnes sur sa Liste civile, pour assurer le sort de sa famille, au lieu d'embellir des monuments qui, aujourd'hui, honorent la France, et y augmentent le concours des étrangers?

Des droits respectables et de légitimes expectatives se sont fondés sur l'acte du 7 août, la loi de 1832, et tout ce qui est venu depuis les confirmer. On ne détruit point un pareil faisceau, dont la rupture produirait de tels mécomptes et entraînerait de tels débris.

Si jamais il y eut des droits acquis, confirmés, cimentés et inébranlables, ce sont ceux dont il s'agit.

§ II.

Le second décret du 22 janvier n'a pu enlever à la famille d'Orléans la propriété des biens dont il s'agit.

La proposition qui vient d'être énoncée est la conséquence de celle qui a été établie dans le paragraphe précédent.

Dès que la propriété existait d'une manière incommutable, il est manifeste qu'un décret n'a pu la détruire.

Cependant, pour éclairer de plus en plus la question, examinons en peu de mots quel est le caractère de ce décret.

Est-ce une mesure de confiscation? Non, assurément. Qui aurait pu songer à une confiscation? Est-ce que cet odieux système n'a pas à jamais disparu de nos Codes? Si l'on eût proposé au chef de l'État de prononcer une confiscation, nous devons croire qu'il aurait refusé son consentement; et nous en trouvons l'assurance dans ces mots, qui forment le début des considérants du décret : « Considérant que, *sans vouloir « porter atteinte au droit de propriété dans la « personne des Princes de la famille d'Orléans,* » etc.

Et cependant il y a une *atteinte portée au droit de propriété de la famille d'Orléans!* Et, comme on va le voir, cette atteinte est, sous quelques rapports, plus étendue que celle qui pourrait résulter d'une confiscation!

On trouve, dans le second décret du 22 janvier, *moins* et *plus* qu'une confiscation.

Moins, parce que la conscience du premier magistrat de la République repousse une telle mesure, et qu'il n'entend pas faire violence au droit, comme il le déclare par le considérant que nous venons de citer.

Plus, car la confiscation prend les choses dans l'état où elles sont; ses effets ne datent que du jour où elle a été prononcée; tandis que le décret du 22 janvier a un caractère déclaratif, au moyen duquel il étend son empire sur le passé, puisqu'il fait remonter au mois d'août 1830 la transmission à l'Etat de la propriété des biens du domaine privé, ce qui ébranlerait tous les actes faits dans l'intervalle.

Le second décret du 22 janvier constitue-t-il une mesure d'ordre purement politique ?

Pas davantage. Le premier décret a le caractère d'une mesure de cette espèce. Ce décret est celui qui ordonne la vente dans le délai d'un an des biens appartenant aux *membres de la famille d'Orléans, à leurs époux et descendants.*

Comme jurisconsultes, nous n'avons pas à juger ici une telle mesure, qui n'est fondée que sur ce qu'on appelle la *raison d'Etat;* mais il n'y a rien de semblable dans le second décret. Là, il ne s'agit pas de savoir si les Princes d'Orléans vendront ou non des biens, si tout ce qu'ils possèdent disparaîtra ou ne disparaîtra pas du sol français, mais si la propriété des biens compris dans la donation du 7 août leur appartient ou appartient au domaine de l'État. La politique n'est nullement engagée dans cette dernière question.

Le second décret du 22 janvier est-il un acte législatif ?

Non encore.

Les lois posent des règles générales applicables aux cas qui peuvent se présenter dans l'avenir; elles n'ont pas d'effet rétroactif; elles ne statuent pas sur la valeur des titres de propriété antérieurs à leur promulgation; elles ne descendent jamais dans la conscience des citoyens pour apprécier des allégations de fraude ou de simulation.

Or, le décret fait toutes ces choses. Ce n'est donc pas un acte législatif. Il ne se serait jamais trouvé un corps législatif qui eût adopté la proposition d'un tel acte, fondé sur de semblables motifs.

Qu'est-ce donc, enfin, que cet acte?

La réponse à cette question résulte de ce qui précède. C'est une décision sur un litige.

A la différence des lois, les décisions judiciaires sont purement déclaratives; elles reconnaissent et consacrent un droit préexistant qui était contesté.

Ainsi, on demande à l'autorité judiciaire la nullité d'un titre; on le demande par application d'une loi antérieure à ce titre. Le juge rapproche la loi du titre; si le titre est conforme à la loi, il le maintient, et déclare par là qu'il a été valablement passé; s'il y est contraire, il l'annule, c'est-à-dire qu'il déclare que ce titre n'a jamais eu d'existence légale, que ce n'était qu'une vaine apparence et non une réalité.

« Ne confondons pas (disait M. Portalis) les juge-
« ments et les lois. *Il est de la nature des jugements*
« *de régler le passé*, parce qu'ils ne peuvent interve-
« nir que sur des actions ouvertes et sur des faits aux-
« quels ils appliquent les lois existantes. *Mais le passé*
« *ne* saurait être *du domaine des lois nouvelles*, qui

« ne le régissaient pas. » (Discours sur le premier titre du Code civil.)

Eh bien! le second décret du 22 janvier procède exactement comme nous venons de l'expliquer.

Il discute les titres de la maison d'Orléans, notamment la donation du 7 août; il discute aussi quelques-unes des ratifications que ces titres ont reçues; il déclare que le tout est contraire à l'ancienne législation sur le domaine des Rois de France, et, d'ailleurs, entaché de fraude; il en conclut que les biens patrimoniaux de la maison d'Orléans ont été dévolus au domaine de l'Etat dès le mois d'août 1830; et c'est sur cet ensemble de motifs qu'il prononce la *restitution au domaine de l'Etat* des biens dont il s'agit, tranchant ainsi, d'une manière déclarative, une question de propriété, puisqu'il décide que depuis vingt-deux ans la propriété appartient, non à la maison d'Orléans, mais au domaine de l'Etat.

Le décret fait exactement ce qu'aurait fait un tribunal qui, saisi d'une action en revendication formée par le domaine de l'Etat contre les Princes de la maison d'Orléans, aurait accueilli cette action et aurait ordonné la mise en possession de l'Etat.

C'est donc une décision en matière contentieuse.

Les décisions en matière contentieuse sont de deux sortes :

Les unes sont rendues sur les matières ordinaires

elles sont du ressort des tribunaux proprement dits.

Les autres sont rendues sur des contestations d'une nature exceptionnelle qui constituent ce que l'on appelle le contentieux administratif; elles sont du ressort des tribunaux administratifs, c'est-à-dire des Conseils de Préfecture et du Conseil d'Etat.

A quelle catégorie appartient la matière sur laquelle le second décret du 22 janvier a prononcé? Evidemment à la catégorie des matières ordinaires, qui sont du ressort des juridictions du droit commun.

En effet, c'est un principe invariable en France, que les questions de propriété et de domanialité sont exclusivement de la compétence des tribunaux proprement dits. Ce principe a été hautement proclamé par le Gouvernement impérial. Nous nous bornerons à transcrire ici les motifs d'un décret du 8 juillet 1807 :

« ..... Considérant que les questions *de propriété* « *entre le Gouvernement* et *de simples particuliers* « *appartiennent par le droit commun à la juri-* « *diction des tribunaux, et que l'exception* pro- « noncée par l'art. 4 de la loi du 28 pluviôse an VIII ne « s'applique qu'aux contestations relatives aux ventes « nationales..... »

Deux autres décrets, en date des 21 novembre 1808 et 18 janvier 1813, ont statué dans le même sens.

Ainsi, les maximes sur l'attribution exclusive aux tribunaux des questions de propriété et de domanialité (sauf *l'exception* posée par la loi de l'an VIII) remontent à l'Empire. Elles reçurent une remarquable sanction dans les dispositions de la loi du 8 mars 1810 sur l'expropriation pour cause d'utilité pulique, à la discussion de laquelle l'Empereur prit une si grande part, et qui est un des plus beaux monuments de son règne (1).

Sous les régimes subséquents, la jurisprudence de l'époque impériale a été confirmée par un nombre infini de décisions émanées soit des tribunaux, soit du Gouvernement lui-même, qui a invariablement reconnu son incompétence en pareille matière.

Si, dans une même contestation, il y a complication de questions administratives et de questions de *propriété* appartenant à la juridiction ordinaire, les corps administratifs ne peuvent décider que les premières, et doivent renvoyer les autres aux tribunaux. C'est ce qu'a décidé un décret du 30 juin 1813, dans les termes suivants :

« Considérant que, si les conseils de préfecture sont « chargés de prononcer sur le contentieux des domaines « nationaux, c'est un *principe également consacré « par une jurisprudence constante, que toutes les « fois que la question de propriété doit être réso- « lue par l'examen et l'interprétation d'actes an-*

(1) Voir les articles 14, 15, 16, 17 et 19 de cette loi.

« térieurs à l'adjudication, et par les maximes « du droit commun, il n'appartient qu'aux tribu- « naux ordinaires d'en connaître. »

L'Empereur considéra cette décision comme devant servir de règle pour l'avenir, car il la fit insérer au *Bulletin des lois* (N° 9413).

Il serait superflu de multiplier les citations à l'appui d'une vérité aussi constante, et sur laquelle les jurisconsultes ne sont pas moins unanimes que les magistrats. Nous croyons suffisant de reproduire à ce sujet les paroles de M. le président Favard de Langlade :

« Toute question de *propriété* est du ressort des « tribunaux, et doit leur être renvoyée. »

Dans l'espèce actuelle, il s'agissait d'une question de propriété dont la solution dépendait de l'examen des titres et de l'application des lois.

Cette question était donc judiciaire ; en la décidant, le décret du 22 janvier a fait une œuvre qui était du domaine des tribunaux.

Pour que ce décret eût statué valablement, il aurait donc fallu que M. le Président de la République eût été investi du pouvoir judiciaire.

Nous n'avons pas besoin de prouver qu'il ne l'était pas, qu'il ne pouvait pas l'être, qu'il n'aurait pas voulu l'être ; car il connaît ces mémorables paroles de Montesquieu.

« Il n'y a point de liberté si la puissance de juger

« n'est pas séparée de la puissance législative et de « l'exécutrice. Si elle était jointe à la puissance légis- « lative, le pouvoir sur la vie et la liberté des citoyens « serait arbitraire; car le juge serait législateur. Si elle « était jointe à la puissance exécutrice, le juge pour- « rait avoir la force d'un oppresseur. *Tout serait* « *perdu*, si le même homme ou le même corps des « principaux, ou des nobles, ou du peuple, exerçaient « ces trois pouvoirs : celui de faire des lois, celui d'exé- « cuter les résolutions publiques, et celui de juger les « crimes ou les différends des particuliers. » (*Esprit des Lois*, livre 2, chap. 6.)

Le décret du 22 janvier est postérieur de huit jours à la Constitution. Or, les pouvoirs de M. le Président de la République sont définis et limités par cette loi fondamentale. Ces pouvoirs sont de deux sortes : les uns permanents, les autres temporaires.

Les pouvoirs permanents sont énoncés dans l'article 6, ainsi conçu :

« Le Président de la République est le chef de l'É- « tat ; il commande les forces de terre et de mer, dé- « clare la guerre, fait les traités de paix, d'alliance et « de commerce, nomme à tous les emplois, fait les rè- « glements et décrets nécessaires à l'exécution des « lois. »

Voilà les diverses attributions de la puissance exécutive. . . . .

Les pouvoirs temporaires sont déterminés par l'article 58, qui porte :

« La présente Constitution sera en vigueur à dater « du jour où les grands corps de l'Etat seront constitués.

« Les décrets du Président, rendus par le Président de la République, à partir du 2 décembre jusqu'à cette époque, *auront force de lois.* »

Par là, M. le Président est momentanément investi de la puissance législative.

Le 22 janvier, il réunissait donc la puissance législative et la puissance exécutive.

Mais avait-il la puissance judiciaire?

Non. C'est ce qui résulte de la nature même des choses, de cette maxime fondamentale que les trois puissances ne peuvent jamais être réunies dans la même personne, des deux textes que nous venons de citer, et, en outre, de cet autre texte de la Constitution (article 8) :

« La justice se rendra en *son nom.* » (au nom de M. le Président).

Si elle se rend *en son nom*, il ne peut donc pas la rendre lui-même; il ne le pourrait pas entre deux particuliers; il le peut moins encore dans une question de propriété et de domanialité entre l'Etat et un particulier, puisqu'alors il serait juge et partie en sa qualité *de chef de l'Etat.*

M. le Président ne peut donc pas décider des questions de cette nature, puisqu'il n'a pas le pouvoir de juger; et nous sommes autorisés à croire, d'après la Constitution, qui est son œuvre, que, si ses conseillers lui avaient expliqué qu'il s'agissait d'une question de propriété, il se serait abstenu. Comment, en effet, aurait-il pu vouloir trancher une telle question, en présence de l'article 26 de la Constitution, qui garantit *l'inviolabilité de la propriété?* Cette inviolabilité n'est-elle pas d'ailleurs un de ces principes qu'on a appelés avec raison antérieurs et supérieurs à toutes les constitutions?

La puissance de ce principe est telle, que, si les biens du Domaine privé étaient mis en vente, personne ne pourrait les acheter avec sûreté, les anciennes règles sur les garanties de la vente des Domaines nationaux n'étant applicables qu'aux biens confisqués dans le cours de la première révolution.

Les jurisconsultes qui ont rédigé le second décret du 22 janvier ont cru atténuer la portée de cet acte en déclarant qu'il restait *encore à la famille d'Orléans* plus de 100 millions, comme si (en mettant même à part l'erreur énorme de cette évaluation) l'application des lois et le respect des principes pouvait jamais dépendre des chiffres, et comme si l'injustice qui frappe le domaine du riche ne menaçait pas aussi le champ du pauvre !

§ III.

Le second décret du 22 janvier ne forme pas obstacle à ce que la question de propriété entre l'Etat et la famille d'Orléans, et toutes les contestations accessoires qui peuvent s'y rattacher, soient portées devant les tribunaux.

Il est de l'essence du pouvoir judiciaire d'être indépendant. C'est pour assurer cette indépendance que l'inamovibilité du juge a été établie et qu'elle est maintenue par la Constitution (art. 26).

Mais le pouvoir judiciaire, bien qu'exercé par des juges inamovibles, ne serait pas indépendant si le pouvoir exécutif pouvait à volonté ôter aux magistrats la connaissance des matières qui leur appartiennent en vertu de l'essence même des choses et par la force de la loi.

Quand l'inamovibilité n'existe pas et qu'on destitue un juge, on enlève le juge aux justiciables; quand le pouvoir exécutif s'attribue à lui-même la connaissance d'une question judiciaire, ce sont les justiciables qu'on enlève aux juges. Le résultat est identique; l'indépendance du pouvoir judiciaire est méconnue dans l'un comme dans l'autre cas.

Il suit de là qu'une ordonnance ou un décret qui a prononcé sur une question de propriété, ne peut détruire la compétence des tribunaux. Les magistrats conservent la connaissance du litige, comme si l'ordonnance ou le décret n'existait pas. Cet acte, à leur égard, est non avenu. Ils ne l'annulent pas, parce qu'ils n'ont pas à cet égard le pouvoir réformateur ; mais ils jugent nonobstant cet acte; c'est ce qu'on exprime en disant qu'un tel acte ne *fait pas obstacle* à ce que les tribunaux exercent librement leur juridiction.

Ce cas est tout-à-fait différent de celui où un acte émané de l'administration, dans des matières qui sont de son ressort, est produit devant les tribunaux. Si cet acte fait naître une question préjudicielle, et qu'il soit attaqué ou sujet à interprétation, la justice ordinaire ne peut passer outre ; elle doit surseoir jusqu'à ce que le pouvoir administratif ait statué sur la validité ou l'interprétation de cet acte. Pourquoi ? Parce que la matière est de la compétence de l'administration, et que les juges violeraient la règle de la séparation des deux pouvoirs, s'ils annulaient cet acte, s'ils l'interprétaient, ou s'ils le considéraient comme non-avenu.

Mais lorsqu'il s'agit d'une question de propriété, comme elle est évidemment et exclusivement du domaine des tribunaux, les actes émanés du pouvoir exécutif *sur le fond même* de cette question de propriété, n'empêchent jamais les tribunaux de la juger.

La jurisprudence offre de nombreux exemples à l'appui de cette doctrine.

Les lois du 28 ventôse et 19 germinal an XI, et celle du 14 ventôse an XII, avaient ordonné aux communes qui prétendaient à des droits d'usage dans les forêts de l'État, de produire leurs titres devant l'administration. Or, il est arrivé fréquemment que l'administration, par erreur, s'est crue en droit de prononcer sur la validité de ces titres. Le conseil d'État a constamment reconnu que ces décisions, quels qu'en fussent les termes, n'avaient que la valeur de simples avis, et ne *formaient pas obstacle* à ce que la question de l'existence ou de l'étendue du droit d'usage, qui a le caractère de propriété, fût portée devant les tribunaux ordinaires. (Voir, entre autres, la décision du conseil d'État du 22 janvier 1824.)

Il en est de même des ordonnances et décrets qui autorisent la création d'usines sur des cours d'eau. Ils ne *font point obstacle* à ce que les tribunaux soient saisis des questions de propriété qui peuvent s'y rattacher, et le juge civil a le pouvoir de réprimer pour le passé, et d'interdire pour l'avenir, tous travaux, même autorisés par l'administration, et qui porteraient atteinte aux droits qu'il a mission de faire respecter. (Décisions du conseil d'État, 29 août 1834, affaire Jobard; 24 octobre 1834, Billion du Roullet; 15 juillet 1835, Martin; 15 août 1839, Fauquet-Delarue; 5

décembre 1839, D. Sade; 27 juillet 1743, Gœpp.)

On trouve encore l'application de cette doctrine en matière de chemins vicinaux, d'expropriation pour cause d'utilité publique, de concession de lais et relais de la mer.

Relativement à cette dernière sorte d'affaires, la Cour de cassation a rendu, le 2 mai 1848, un arrêt remarquable. La Cour de Rennes avait sursis à statuer sur une contestation portée devant elle, jusqu'à ce que l'autorité administrative eût fixé la valeur et l'étendue d'une concession de lais et relais de la mer. L'arrêt de Rennes a été cassé, « attendu, en droit, que lorsque « le Gouvernement, autorisé par une loi, concède une « partie du domaine public ou du domaine de l'Etat, « il ne figure pas dans l'acte comme pouvoir admi- « nistratif procurant l'exécution des lois par des rè- « glements ou décisions, mais qu'il stipule comme « représentant l'Etat propriétaire et aliénant, par une « convention du droit civil, une partie de son domaine; « que cet acte n'est pas un acte d'autorité, mais un « contrat formé par le concours de deux volontés; « *que les questions de propriété auxquelles don-* « *nent lieu les rapports de cet acte avec les droits* « *des tiers, sont de la compétence des tribu-* « *naux.* »

Ainsi l'Etat, quand il traite des droits du domaine, contracte comme partie privée.

De même, et par une raison identique, lorsqu'il veut faire rentrer entre les mains du domaine des objets mobiliers ou immobiliers qu'il prétend lui appartenir, et être induement détenus par des tiers, il agit à titre privé; il n'a pas le droit de se faire justice à lui-même, et il ne peut rentrer en possession que par l'autorité des tribunaux.

C'est par cette raison que l'Etat, aux termes de l'article 69 du Code de procédure, est représenté *devant les tribunaux par le préfet, lorsqu'il s'agit de domaines et droits domaniaux.*

Un acte quelconque par lequel l'Etat déclare la *domanialité* d'un bien ne peut donc avoir pour effet de dépouiller les tribunaux de la connaissance de l'affaire. Un tel acte n'implique qu'une prétention; il ne saurait avoir force de décision, parce que l'Etat, qui n'est que partie privée dans les questions de propriété et de domanialité, n'a pas plus caractère pour prononcer qu'un particulier ne l'aurait dans sa propre cause.

Voilà pourquoi toutes les questions de domanialité résultant de l'application de la loi du 14 ventôse an VII sur les domaines engagés, ont constamment été soumises aux tribunaux, et l'administration n'a été appelée à statuer en cette matière que sur les évaluations ayant pour objet de déterminer le montant du quart à payer par les détenteurs pour devenir propriétaires incommutables.

Ainsi, quels que soient les termes d'un décret relatif à une question de propriété existante entre l'État et un particulier, ce décret ne lie pas les tribunaux ; il n'a d'autre force que celle d'un ordre donné aux agents de l'administration de faire valoir et de soutenir les droits de l'État devant l'autorité compétente. Et comment en aurait-il davantage, lorsqu'il s'applique à une question de propriété et de domanialité entre l'Etat et des personnes qui n'ont été ni appelées ni averties d'aucune manière ?

Jadis les ordonnances ou arrêtés du conseil ainsi rendus se terminaient ordinairement par cette clause.... *sauf notre droit en autre chose* et L'AUTRUI EN TOUT, et, lors même que cette réserve n'était pas écrite, elle était toujours sous-entendue. Cette maxime se trouve solennellement rappelée dans un arrêt de la Cour de cassation du 19 juillet 1827, rendu sur les conclusions de l'un des conseils soussignés, et qui fut prononcé et rédigé par le savant et vénérable Président Henrion de Pensey. On y lit le considérant ci-après : « Attendu que ce fut une maxime incontestable de notre droit public, « que *les rois de France furent toujours dans* L'HEUREUSE IMPUISSANCE *de porter aucune atteinte aux propriétés de leurs su-« jets.* » « Ainsi, dans les arrêts du Conseil portant « quelques concessions au profit de particuliers, on li-« sait cette formule par laquelle ils terminaient : « *sauf*

« *notre droit en autre chose et l'autrui en tout,*
« clause toujours supposée lors même qu'elle n'était
« pas écrite, de manière que ces arrêts n'avaient au-
« cune efficacité s'ils n'étaient revêtus de lettres pa-
« tentes qui devaient être enregistrées dans les Cours
« souveraines ; lors duquel enregistrement *les par-*
« *ties intéressées et qui pouvaient se prétendre*
« *lésées dans ces actes par l'autorité publique,*
« *avaient la faculté de former opposition, et le*
« *Parlement, saisi par cette opposition, statuait*
« CONTRADICTOIREMENT *sur les moyens respec-*
« *tifs,* » etc.

Heureuse impuissance, en effet, que celle de *porter atteinte à la propriété privée!* heureuse pour les particuliers, non moins heureuse pour le pouvoir, et qui a survécu aux révolutions, puisque, si elles ont bouleversé nos institutions politiques, grâce à Dieu, du moins, elles ont jusqu'ici respecté nos lois civiles !

Des actes qui émanent de la puissance exécutive, radicalement incompétente en cette matière, et qui, de plus, ne sont pas contradictoires, laissent donc entière la faculté de débattre devant la justice ordinaire la question de propriété et de domanialité.

De même que les décisions en matière d'usage forestier n'ont été considérées que comme des *avis*, de même un décret relatif à une question de propriété ne vaut, en présence des magistrats, que comme une instruction donnée aux agents du Domaine. Le juge reste souverain, indépendant et impartial entre l'Etat prétendant à la propriété, et le citoyen résistant à cette prétention; car l'un et l'autre ne sont que des parties égales en droit devant la majesté de la Justice.

Les rédacteurs du décret semblent avoir subi involontairement l'empire de cette vérité, lorsque, dans l'avant-dernier considérant, ils se sont servis de ces expressions : *les biens ainsi* REVENDIQUÉS..... Oui, il ne pouvait y avoir qu'une *revendication*; et c'est aux tribunaux seuls qu'il appartient d'y faire droit.

Un conflit ne pourrait, en pareil cas, être élevé avec succès.

Le conflit, dans une matière essentiellement contentieuse, est la revendication d'un litige qui est du ressort de l'administration et qui se trouve porté devant les tribunaux. Si le conflit est confirmé, il faut que la contestation puisse être portée devant la juridiction administrative : car il est indispensable que tout procès trouve un juge. Or, ici, l'administration ne saurait jamais être appelée à juger, puisqu'il s'agit d'une question de propriété. L'article 130 du Code pénal lui imposerait le devoir étroit de se déclarer incompétente. Cet article défend aux administrateurs d'*entreprendre sur les fonctions judiciaires, en s'ingérant de connaître des* DROITS ET INTÉRÊTS PRIVÉS du ressort des tribunaux. L'administration serait donc tenue de se dessaisir ; ele ne pourrait faire autre chose que de reconnaître son incompétence et de renvoyer aux tribunaux.

Ainsi le conflit serait inadmissible, et nous nous plaisons à croire qu'il ne sera pas élevé. Le premier considérant du décret déclare que *le Président ne justifierait pas la confiance du peuple français, s'il permettait que des biens qui doivent appartenir à la Nation fussent soustraits au domaine de l'Etat.* Comme maxime générale, ces paroles sont irréprochables ; mais il y a un autre devoir non moins sacré à remplir : c'est de respecter l'ordre des juridictions. Le chef de l'Etat remplit ces deux devoirs, lorsqu'après avoir formé une *revendication*, il s'abstient de tout acte qui pourrait en enlever la connaissance aux tribunaux.

Le décret du 22 janvier rappelle l'autorité des Parlements en cette matière. Personne ne rend un hommage plus sincère que nous à la science, à la sagesse, à l'impartiale fermeté des magistrats qui siégeaient dans ces grands corps ; mais si les juges actuels n'ont pas hérité de leur pouvoir politique, ils sont leurs dignes successeurs sous le rapport de l'exacte application des lois et des principes de la justice; et, comme le pouvoir politique est étranger à la solution des questions de propriété et de domanialité, nos tribunaux ont, sur ce point, autant d'autorité que les parlements ; ils sont, à cet égard, comme eux, les ministres de la loi et les gardiens des droits privés; ils offrent aux parties et à l'opinion publique la garantie de ces décisions éclairées et indépendantes, en présence desquelles tout intérêt se résigne et toute émotion se calme.

Délibéré à Paris, le 14 février 1852.

Signé : DE VATIMESNIL,
BERRYER,
ODILON BARROT,
DUFAURE,
A. PAILLET.

TABLE DES MATIÈRES.

Imprimé par Henri et Charles Noblet, rue St-Dominique, 56.

www.ingramcontent.com/pod-product-compliance
Ingram Content Group UK Ltd.
Pitfield, Milton Keynes, MK11 3LW, UK
UKHW021120220726
13924UKWH00004B/1818